# 老い方、死に方

養老孟司
*Yoro Takeshi*

PHP新書

# まえがき

八十代も半ばを超えたので、私は老いの途上、真っただ中にあり、死も間もないに違いない。編集者はそういう相手に老い方、死に方を考えさせる。それはないだろうという気もしないでもない。ただいま実行中、ご覧あれ、と言うしかないではないか。

それぞれの対談相手の方たちが一流の人物だったので、読者がどう思われるかはともかく、本人としてはたいへん面白かった。ぜひ読んでいただき、人生を考える一助にしていただければと願う。

このまえがきを書くまでの一週間、台湾の台東《たいとう》へ旅行した。連日雨で、五泊した最後の日がカンカン照りの台湾の夏日、自分の人生もこれだと、胸を張って言いたいが、言うだけなら問題なかろうと思う。あたりまえだが、雨降りの毎日より、晴れたほうがいい。虫も採れる。終わりよければ、すべてよし。

読んでいただければいいから、対談相手の四人の方については、とくにコメントする必要もないであろう。ただし生き方、死に方という主題だと、どうしても個人が対象となりがちである。その点では藻谷浩介さんの場合が社会的な扱い方で、俯瞰的《ふかんてき》な視点を与えてくださった。

根本的な思想の問題、生物学的に見た老化の基礎、社会的な老いと死、介護の問題と、全体としての目配りが非常にいいのは、編集者の西村健さんのおかげである。私自身はただポカンとしていただけ。

猛暑の季節となった。年寄りは何とか生き延びるのに精一杯である。この夏を無事に越せば、寒い冬がまたやってくる。虫もいなくなる。冬来りなば、春遠からじ。そう思って、頑張るしかあるまい。

養老孟司

二〇二三年七月

# 老い方、死に方

目　次

## 第一章

# 自己を広げる練習

## 南直哉×養老孟司

## 第二章

# ヒトはなぜ老いるのか

**小林武彦×養老孟司**

## 第三章

# 高齢化社会の生き方は地方に学べ

藻谷浩介×養老孟司

第四章

# 介護社会を明るく生きる

## 阿川佐和子×養老孟司

第一章

# 自己を広げる練習

写真提供：新潮社

## 南直哉×養老孟司

*MINAMI Jikisai ／ YORO Takeshi*

【南直哉　みなみ・じきさい】　青森県恐山菩提寺院代（住職代理）、福井県霊泉寺住職（ともに曹洞宗）。一九五八年長野県生まれ。早稲田大学第一文学部卒業。大手百貨店に勤務後、一九八四年、出家得度。曹洞宗永平寺で十九年修行生活をおくり、二〇〇五年より恐山へ。二〇一八年、『超越と実存――「無常」をめぐる仏教史』（新潮社）で小林秀雄賞を受賞。著書に『日常生活のなかの禅――修行のすすめ』『『正法眼蔵』を読む――存在するとはどういうことか』（以上、講談社選書メチエ）、『老師と少年』（新潮文庫）、『恐山――死者のいる場所』（新潮新書）、『「前向きに生きる」ことに疲れたら読む本』（アスコム）などがある。

# 恐山の禅僧から見た「養老孟司」という存在

**南**　お久しぶりでございます。拙著『超越と実存』（新潮社）の小林秀雄賞の授賞式（二〇一八年）以来ですね。あの時は十分にご挨拶もできずで、申し訳ありませんでした。

**養老**　とんでもないです。

**南**　選評はほんとうに嬉しいお言葉でした。

【『超越と実存』受賞時の養老孟司氏の選評】
《ここまできちんとした哲学書があっただろうか。まずそう思った。仏教の核心は、言語において、意味するものと、意味されるものの間にある。そう著者は言う。つまり言語以前を視野に入れて語る。最初からいきなり言語に依存する哲学は、弱いというしかない。お利巧さんの哲学である。

著者の問いは簡単である。死とはなにか、自分が自分である根拠はなにか。

これで出家したというのだから、変な人がいるものだとしみじみ思う。でも誰がこうした疑問に一生を賭けるか。同時に頭が下がる。これが著者の強さである。真の強さは、オリンピックの金メダルや、野球チームの優勝だけにあるわけではない。迂闊な話だが、選評を書く段階になって、はじめて自分が評価したのは、この強さだったと気づいた。現代に欠けているのは、まさに思想の強靱さである。真の強さは言葉で飾ることができない。飾っても意味がない。飾るから政治家はバカに見えるし、ネットは炎上する。なにが「炎上」だよと思う。どうでもいいから炎上するのだろうが。

「世の思想には、仏教と仏教以外しかない」。よくぞ言ってくれました。その意味では私も門前の小僧、仏教徒ということになる。道元禅師も強い人だった。「自己をならふといふは、自己をわするゝなり」。

本当にいろいろ教えていただき、ありがとうございました。合掌。(「考える人」ホームページより)》

思い起こせば、養老先生のことを僕が最初に意識したのは、筑摩書房から『解剖学教室へようこそ』（ちくま文庫、二〇〇五年刊）の解説を書いてくれと頼まれたときでした。申し訳ないですが、それまで先生の著作を読んだことがなかったんです。養老先生がまだ東京大学で、現役で解剖をされていたときの著作ですね（単行本は一九九三年刊行）。自分の思考の方法に、こんなに意識的な学者が世の中にいるというのが、まず強烈な驚きでした。

そして大変僭越《せんえつ》ながら、直感的に「自分と同類の方かも」とも思いました。さらに、失礼ながら思ったのは、「苦しくなかったのかな」ということでした。

アカデミズムとは恐らく、研究の方法に関しては前提としてみんなが共有していて、疑われることはない世界ではないかと思います。ところがこの本では、東京大学の医学博士が、自分の思考の方法そのものを延々と述べておられる。組織内の「前提条件」を疑うと、出世は難しくなるでしょう。だから、「生きにくくないのかな」とも思ったのです。

**養老**　いや、その通りですよ。

――それでも、「生きにくかったのは、社会を受け入れていない自分のせいで、社会のせいではないと、八十歳を超えて遅まきながらやっと気が付いた」と、ご著書の『ヒトの壁』（新潮新書、二〇二一年刊）には書かれていますね。

**養老**　ええ（笑）。

## 幼少期、少年期に直面した死と生

**南**　先生にはわれわれ曹洞宗もずいぶんお世話になって、いろんなところでお教えをいただいておりますが、他の宗派のお坊さんとのお付き合いも多いようですね。

**養老**　多いです。いつも、なんで私がお坊さんに説教しなきゃいかんのかと思うけど（笑）。

**南**　でも僕は、お坊さんの側が、先生にお願いをする理由っていうのはわからんでもないところがあります。ですから、仏教に接触するなかで、「おお、なるほど」と思われたようなことがあれば聞いてみたかったのです。

**養老**　いや、あまり勉強したことがないからね。

**南**　ご謙遜《けんそん》を……。

**養老**　まあ、生まれたときから鎌倉でしたから、仏教は身近な存在でした。周りはお寺ばかりで、家の隣にはお墓があります。私が生まれた家は日蓮宗でした。鎌倉は大体、街中は日蓮宗で、山のほうは臨済宗じゃないかな。だから、門前の小僧ですよ、本当に（笑）。

**南**　僕は、教員の息子ですから、最初から仏教との縁が深かったわけではありません。うっすら覚えているのは、お盆に尼僧が読経に来たぐらいで、仏壇の前にまともに座った記憶もありません。小さい頃は病弱で、アレルギー性の小児喘息《ぜんそく》を三歳ぐらいのときに患《わずら》いました。昭和三十年代初めの頃ですから、その病がどんなものだかわからないという医者が多く、薬も保険がきかなかったらしくて。最初はただの風邪だと思われていたのですが、こじれてしまい、発作が起きると絶息状態になるというような……。

**養老**　私も小児喘息でしたからね。

**南**　えっ、そうでしたか。

**養老**　はい。ただ私の場合、母が小児科の医者でしたからね。

**南**　そうでしたか。教員の親父は当時、莫大なお金がかかったと嘆いていました。僕自身はというと、絶息状態を繰り返していて、次第に「これから自分はどうなるのかな」と考えるようになりました。それで、「自分がどうなるのか」を、おとなの人に聞いていたんですね。でも、死んだ後の話しかしてくれない。

――どんな話を聞かされたのでしょう。

**南**　「空の上の天の国のお花畑の中で……」とか「お星様になって……」といった類の話でしたね（苦笑）。僕としては、そうでなく、「死ぬってどういうことか？」と聞いているのに、おとなはみんな、違う話をするんですね。「ひょっとすると、誰もわからないのかな」と思うようになりました。

それで、自分で考えてみるのだけれど、やはりわからない。そのうちに、人間が、最後には死ぬということだけでなく、最初のこと、つまり、なぜ生まれてくるのかということも、考え始めた。でも、やはりよくわからないわけです。

## 唯一尊敬している宗教家

**南**　おとなが、僕の疑問の意味を理解してくれない。それは、ある種の不信感にもなってしまいました。それでも、仏教の言葉が、僕の知りたいことを、正確に捉えて応答してくれたんですね。それが「諸行無常」です。

ペラペラめくっていた学校の教科書の中に出てきた言葉です。『平家物語』の最初の一節ですね。「これは、ひょっとしたら、僕が考えていることではないか」と思ったわけです。百科事典で調べたら、そこで初めて、仏教の言葉だとわかった。でも、まだ何のことだかよくわからない。それでも、どうも僕の思っていることには近いようだ。そう思ったのです。

でも、この言葉が、最初にどんと頭の中に入ってしまったから、節目節目で、ものの考え方が、そちらの方向へとずれていくんですね。キリスト教に入信しかけて、でもやめたのも、それが大きかった。

――キリスト教とはどのようにして出合ったのでしょう。

**南**　僕の祖母がクリスチャンでした。確か十六歳だった頃、祖母に連れられて教会に行きました。天窓から光が漏れるきれいな教会でした。中央の演壇にちょうど光が当たるようになっていて、総白髪の小柄な牧師が、演台に首から上だけが出ているような格好で、情熱的な説教をやっていました。

一九七〇年代に、継《つ》ぎ接《は》ぎだらけの服を着ている人っていうのは、もういなかったでしょう。ところが牧師さんも、奥さんも、娘さんも、そんな服を着ておられた。なんとなくすごいな、と思いました。それから、一年間ぐらい、教会に通ったんです。子どもも好きでもないのに、日曜学校で面倒を見るお兄さんみたいなこともしました。

**養老**　普通なら、信仰の道に進む流れですね。

**南**　ええ。それで、日曜学校が終わったある日の夕刻に、牧師さんに「先生、話があるんですけど」って言ってみたんです。午後十七時ぐらいから話し始めて、夜の二十二時頃まで付き合ってくれました。

「本当に神様を信じてるの？」「原罪って何ですか？」といったことを延々と聞いたの

です。でも、いくら聞いてみても、納得できない。しまいには、精根尽き果ててしまい、とりあえず入信してしまおうと思うようになったのです。

それで、「牧師さん、僕、洗礼を受けようと思うんです」と言ったら、きっと喜ぶだろうと思ったのに、牧師さんはしばらく考えている。それで、「南くんね、キリスト教っていうのはね、人を信じるんじゃなくて、神様を信じるんだよ」って言われたんです。そして、「君はいま、やめておいたほうがいい」と。

偉い人だなと思いました。僕が宗教家として尊敬しているのは、あの人だけかもしれない。

だから、いまだにキリスト教には憧れがあるのです。一発で答えを出すでしょう。「神様」と。がっちりした教義体系があるから、「これに乗っかれれば、楽だろうな」と思うときはあったんです。でも僕には、どうしてもダメなんですね。

**養老**　それはなぜでしょう。

**南**　答えが一つだけあるというのが、どうしてもダメでした。僕には、それほど簡単にはいかないんじゃないか、という考えがありましたから。そして、それほど簡単にはいかない、というのが「諸行無常」なんですね。

僕に言わせると、「思いどおりにはならない」というのが「諸行無常」の核心だと思うんです。すみません、対談のはずが、話し過ぎてしまいました。

**養老**　いえ、なかなか面白いですよ。

## キリスト教と禅

**南**　先生の白髪を見ると、この牧師さんを思い出します。髪の毛のとても豊かな人だったから。養老先生は、キリスト教系の学校に通われていたと伺いましたが。

**養老**　カトリック系のイエズス会が経営する学校に、中学校から高校まで通っていました。同級生には信者になった人がずいぶんいます。

**南**　多感な頃に、キリスト教との出合いがあったわけですね。

**養老**　戦後にできた学校です。横須賀市田浦にあった旧日本海軍の水雷学校跡で、建物もそのまま使っていたんですね。ですから、京都の舞鶴《まいづる》あたりに行くと、同じような建物があるので、懐かしさを感じますね。いまは海上自衛隊が基地として使用しているようですが。

この学校が少し変わっていたのは、同じ敷地内に修道院があって、神父さんが大勢いたことです。だから、とても手が届いたというか、目が届いたんですね。ほとんど修道院並みのルールがあって、校舎の中では絶対に私語禁止でした。とくに、トイレでおしゃべりしているのが見つかると、一週間、トイレ掃除をさせられた。だから、トイレはいつもピカピカでした（笑）。

休み時間は、天気のいい日だと必ず校舎の外に出なきゃいけない。ベルが鳴ると、その場で、「気をつけ」をする。ボールを持っていても、足元に置く。ベルが鳴り終わったら、今度は駆け足で、校舎の入り口に整列する。それから先は、私語は厳禁。大体の背の順に並んで、一列で校舎へ入り、教室に入るまでは黙っている。教室では席が決まっていますから、座ったら、机の上に手を置いて、瞑目《めいもく》します。先生が来るまで目をつぶって待っていて、入ってきたら、「よし」って言う。そうして授業が始まるという学校生活でした。

当時の校長はドイツ人で、グスタフ・フォス先生といって、三十代後半の人でしたから、ヒットラー・ユーゲントの時代の雰囲気を戦後の日本にそのまま持ち込んだんじゃないかと疑われるような教育でしたね。

**南**　禅寺に近いところがありますね。三默道場というのですが、食事するところと風呂とトイレの三つの場所は、我々は絶対に沈黙ですから。

## 「諸行無常」をどう考えるか

――「諸行無常」について養老先生のお考えもお聞きしたいです。

**養老**　『平家物語』は諸行無常から始まっていますけど、私はなかなか理解できなかったですね。つまり、西洋風の論理と概念を教わっていますから、そのなかで処理しようとすると、やはり浮いてしまうんですね、「諸行無常」みたいな言葉は。だから、むしろ『方丈記』のほうが、和文になっていますから私は好きですね。「ゆく河の流れは絶えずして……」。目の前を水が流れていってという、そこから説き起こしていますからね。そのほうが感覚的でわかりやすいでしょう。

**南**　その川がずっと流れていくことを、はかなさに結び付けて説く方もおられますよね。僕も、子どもの頃はそうだった。自分のことがとにかく不安だったから、その水の流れを見ている人は、はかなくないのかな、という方向にずれてしまうところがあった。

その時分は発作が起こると、感覚が変わってしまうというか、自意識がズタズタになってしまうことがありました。一番怖かったのは、自分が崩壊していくような感じがしたときでした。だから、自分の名前を必死で繰り返し呼んでみることもありました。いまは、「じきさい」と名乗っていますが、当時は同じ漢字ですが「なおや」です。でも、その「なおや」という言葉が、いくら繰り返しても、「ナ・オ・ヤ」というただの記号になって、空中で蒸発してしまう。自分と結びつかない。何もかもが宙に浮いて消滅していくような感覚がありました。

その幼少期の体験が、「諸行無常」を考える僕の基盤になっているのだと思います。つまり、私にとってこの言葉は、時に喩《たと》えられる季節の移ろいのような、感傷的な「はかなさ」のことではなく、自分の存在には確かな根拠がなく、場合によっては簡単に崩れていくという感覚と強く結びついているんです。

養老先生の本を読んでいると、これに近い感覚がある。科学者のほうから近づいてくる感じがするんです。たとえば、「同じ自分」とかって言うときの「同じ」は、脳が生み出す言葉が設定する観念にすぎず、事実としてその「同じさ」は存在しない。昨日の自分と今日の自分が同じ自分であることは、事実としては確認のしようがない（昨日の自分はいないから）。つまり、あらゆる「同一性」は脳が言語によって構成する一種の幻想というか、観念にすぎない、そう語っているように、私には読めるんです。

## 気がついたら仏教的な人と、修行して仏教者になった人

――中高生時代の体験を聞かせていただきましたが、その世代の方ともお話をする機会はあるのでしょうか。南老師とは違って、物心ついたときから、インターネットやSNSが身近にある世代ですね。

**南**　ありますよ。講話を頼まれたりします。その経験から、いまの若い人たちは「努力すれば報われる」という神話をもう単純に信じていないと思いますね。夢や希望というものを、実はもう素直に受け取れてないというか。実際、小学校の記念行事で呼ばれて話をしたときに、「夢や希望なんかなくても生きられるぞ」って話をしてみたら、食いつきがよかったんですね。

——それは思い切ったテーマですね。教師や親からすると困ったでしょう。

**南**　(笑)。僕はね、夢や希望っていうのは、いまを犠牲にして先の利益を得るという意味では、投資の話の転用じゃないかとも思うのです。そして投資というものは、やはり失敗がある。夢や希望といっても、うまくいかないことがいっぱいある。夢と希望は破れることがほとんどだと言ったほうがいいと思うんです。ところで先生は、幼少期からお医者さんになりたかったのですか。そうではない?

**養老**　いやいや、もともと、夢も希望もないんで。まあ、好きにしていられればいいなと思っている程度でしたね。

**南**　周りには、軍人になりたいという人もいたでしょう。

**養老**　あんまり真面目に聞いてなかったですね。僕らが小学校二年生のときに終戦で、それから、社会的な価値観なんていうものが、どう変わるかわかったもんじゃないなっていう時代を生きていましたからね。みんながそれこそ命がけで頑張っていたわけですから、戦争中は。しかし結果的に、敗戦を迎えた。

**南**　僕は昭和一桁の方ともお付き合いが結構あったほうですが、思想的な「背骨」を叩き折られてしまったというトラウマのある人がいっぱいおられましたね。

**養老**　小学校二年生のときに終戦だと、そんなに「背骨」がないんですよ。

**南**　なるほど。僕からすると、養老先生は、僕が考えて、ようやくたどり着いているところに、生まれつきというか、「体質」でたどり着かれているという感じがするんですよ。だから、養老先生は仏教的な方で、僕は仏教者だなと。

**養老**　何もつくってきたわけじゃなくて、ひとりでにこうなっちゃった。

**南**　それなら、仏陀よりも、仏陀的かも。だって、生まれながらの「諸行無常」みたいなところがありますでしょう。思想的な背骨がまだ育たない、日本の特異な時代に、その絶妙な時代に絶妙の感性で生まれてこられた。稀有《けう》な存在だと思うんですよ。僕は、仏教者は知っていますが、仏教的に生まれた人は知らないです。養老先生が初めてです。気がついてみたら仏教的な人だったという、一つのモデルでしょうね。

## 「解剖」は、僧侶の修行のようなもの

――「仏教的な人」との評ですが、先生はご自身でも、確か中村元《はじめ》先生（故人）の原始仏教経典を読まれて、「なんだ、俺の考えていたことは、お経じゃないか」と思ったという話をされたりしますよね。何が、そうさせたのでしょうか。

**養老**　自分流に言うと、「解剖」という作業が、お坊さんの修行に似ていたんじゃないかなって気がするんですよ。

「九相図巻《くそうずかん》」という、女性の死体が崩れていく絵図がありますね。

解剖学者としての現役時代に、中年過ぎてからですが、その存在を私は知りました。中世、つまり鎌倉時代から戦国時代にかけて、とくに鎌倉時代にはたくさん描かれて、お寺に掛けられていたそうです。だから当時、ごく普通にあったものでしょう。

「九相図巻」九州国立博物館所蔵
出典：Colbase（https://colbase.nich.go.jp/）
前段

一相目

二相目

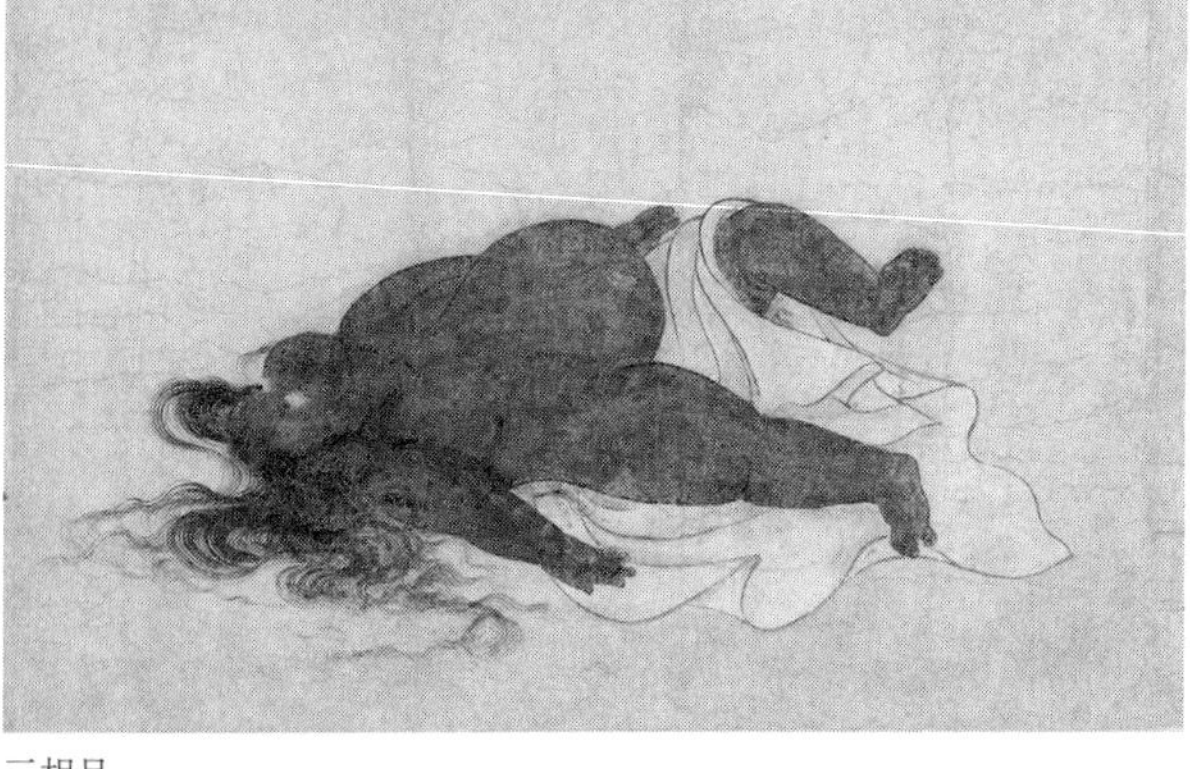

三相目

四相目

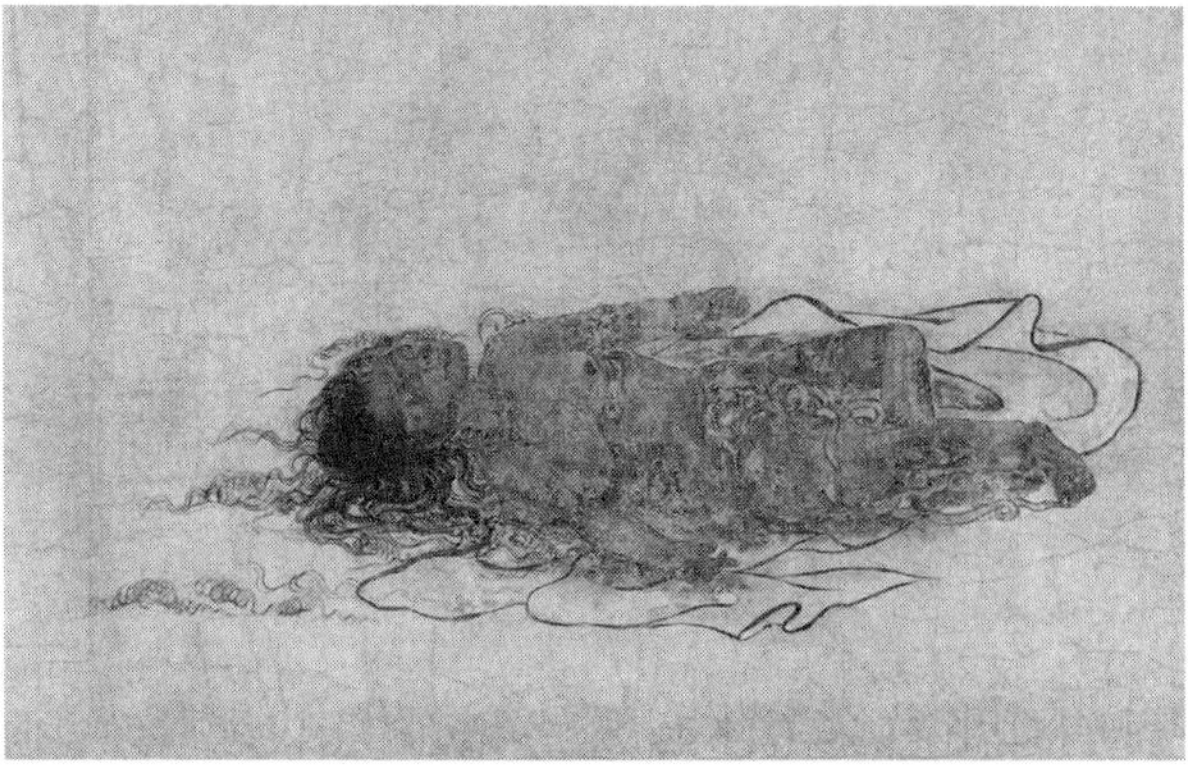

五相目

六相目

七相目

八相目

九相目

「九相詩絵巻」という呼び方もあります。「詩」と書くのは、宋の蘇東坡《そとうば》という詩人の詩から採ったそうですね。最初の絵は、若い女性が生きています。次は、死んで畳の上に寝かして着物を掛けている。次は、しばらくしてからですが、お腹が膨らんで、色も変わって、黒ずんでいる。生きているときのように肛門が機能しないので、お腹が膨らんでくるのです。夏だと、破裂したりしますよ。

よく「人は、一人で生まれて、一人で死ぬ」といいますね。確かに人間社会ではそうですが、生物の世界でいえば、そうではない。大腸だけでも、さまざまな無数の細菌が住んでいる生態系なわけですから。

八相目になると、靱帯や軟骨などが残っており、骨がつながっている、いわゆる骸骨の姿になる。なんとも正確に描いてあるので、初めて見たときに仰天しました。骨格標本のようなものがなかった時代だから、いわゆる野ざらしの死体を見て描いたとしか思えないわけです。

**南**　中世の人にとっては、死者は日常的な存在だったということでしょうね。そして先生も、解剖を通じて、日常的に向き合っていた。

**養老**　でもね、私の場合は、死体が全然崩れていかないわけです。ただ、相手は何もしないのに、相手の状況は変わっている。変えたのは私です。崩れていくのは、私が勝手にバラすからです。万事を私がやっている。ひと月も経てば、手足がバラバラになっていますが、そのあいだは、一種の九相図みたいなものです。

**南**　解剖って、そんなにかかるものなのですね。

**養老**　そうです。丁寧にやると大変時間がかかるものです。その間、腐ったりすると困るので、防腐処置をしますが。

**南**　そうすると、一つの死体に、ひと月ぐらい付き合うことがざらにある？

**養老**　ひと月以上ですね。これはもう完全に修行のレベルですよ。その間、相手が何か言ってくれればいいのですが、何も言わない。だから、今の、はやりの言葉で言うと、「自己責任」なんですよ、すべてが。そうすると、他人に一体何を言うのかとなると、前提から考えるしかないんですね。

**南**　それが、考える方法に対する意識の強さになるわけですか。

**養老**　そうですね。臨床の医者をやっていれば、問題を抱えた患者が向こうから来る。

問題がやって来てくれる。でも若い頃の僕は、直感的に、そういうふうに「怠けてしまう」のはいけないと思ったわけです。向こうから問題が来てくれるというのは、言ってみれば、問題を自分で取り出すことをしないっていうことですから。

**南**　すごい発想ですね。つまり「解剖」は、問題を発見する、自分でつくり出すことになると思われていたわけですね。

**養老**　そうです。それは、解剖の中では一番つらいことで、それでも、相手が死んで動かないのだから、全部自分でつくり出すほかかない。

**南**　僕には感覚的にそのつらさがわかります。僕の場合は、問題は災難のごとく降りかかってきた。だから、それ自体を相手にするのも大変でしたが、後になって、答えを見つけるよりも、まず問いを発見する、はっきりさせることが大事だと思いつくことになったからです。だから、先生のお話を聞いて「なるほど」と思いましたね。

## 道元禅師『正法眼蔵』からの気づき

**南**　以前、若い社会人の方から「会いたい」という手紙が来たことがありました。わざわざ見ず知らずの坊さんに手紙を書いて、会おうとするぐらいだから、それなりのことがあるんだろうなとこちらも思い、会って、話を聞いてみたのだけれども、はっきりしたことは何も言わないんです。

そもそも自分の問題がはっきりとわからないんでしょう。ですから、何が問題なのかを、まずお互いの土俵の上にのせなきゃダメだと思ったんです。それで、「こういうことが問題なんじゃないの？」と言うと、「なんで私のことがわかるんですか？」「なんで私の気持ちがわかるんですか？　神通力ですか？」って言うんです。

――そうした人生にとって非常に大事な問いを、見つけて言語化する力が未成熟な人には、どう対応されるのですか。

**南**　こちらから答えを出そうなんて思わないですね。問題さえはっきりすれば、後はその人が何とかするでしょうし、そうでないと意味が無い。

僕の場合、「死ぬってどういうことか？」という問いから、「自分とは何か？」というような問いになっていったわけですが、そうこうしているうちに、高校生の夏休みのときでしたが、親父の本棚で「道元」に出会ったわけです。

本を開くと「現成公案《げんじょうこうあん》」とあった。「仏道をならうというは、自己をならうなり」とあって、それも衝撃でしたが、次に「自己をならうというは、自己を忘るるなり」と書いてある。「あれ？」って思いますよね。当時、わかるわけがない。けれども、言葉は強烈で、何か引っかかるわけです。それから、ずっとその言葉は頭の中にありました。

その頃は、桃や柿の種のように、真ん中の深いところに真実の自己、本当の自己みたいなものがあるのではないかと思っていました。だから、それさえわかれば何とかなると、背伸びして、いろんな本を読むんだけど、何も確たるものは書いていないわけです。

でも、あるとき、真ん中は空洞じゃないのかと気づいた。ドーナツの穴みたいなもので、穴はあるけど、その穴を出してみろと言われたら、取り出せない。つまり、「自分」というのは、「穴みたいなもの」で、それ自体をつかみ出そうとしても、何もないんじゃないのかな、と。そしてさらに、「本当の自己とは何か」という問いの立て方自体が間違っているのではないかと思い至ったわけです。

「本当の私とは、これだ」「私とは神だ」「私とは仏性だ」。そうした答えは、「私とは何か」という問いがあるから、その答えとして出てくるものなんだろうと。『正法眼蔵《しょうぼうげんぞう》』を読んで、そのことに気づきました。

『正法眼蔵』には「仏道をならうというは、自己をならう」と書いてあります。「知れ」とは書いてない。「ならう」というのは、何かやり方とか方法をならうということじゃないですか。そうすると、「自己をならう」には、「どのようにあるのか」というふうに問うて、「このようにあるんだ」ということがわかればいい、それをならえばいいという意味ではないかと思ったんです。

――つまり、真実の自己というようなものをもう考えないようにするということですか。

**南**　そう。そして、「問い」の仕方を変えるのです。まずはともかくその有り様をきちんと見るのです。そうするところに、仏教の教えの核心があるのではないかと思うようになったら、『正法眼蔵』というか、仏教の言わんとすることが、少し見えるようになった。それが、大学生の頃でした。

**養老**　その考え方はいまも変わらないのですか？

**南**　ええ。「どのようにあるのか」と考えるほうが、仏教的だと思っていますね。

## メタバースで、自己の範囲が広がる可能性

**養老**　世の中が変わってきて、若い人の「自分」に対する考え方も、結構変わってきているんじゃないかと思いますね。

たとえば、メタバースで、自分の分身であるキャラクターをつくりますね。それをアバターと言いますが、あれは、仮想空間に「自分」を登場させているわけでしょう。古い世代の人は、こちら側に「本当の自分」があって、それとは別に、「アバター」を演じているというふうにとるのですが、SNSに慣れている若い人たちは、いずれ「そちらも自分、こちらも自分」というふうになっていくんじゃないか。いままで思われていたよりも、自己の範囲というのが広がっているんじゃないかなという気がするのです。「狭い自分の中に自分を限定していく」というのは、本当はどこか病気みたいなものだ

といえなくもないですよね。ＳＮＳで動いているアバターは自分。それを広げていくと、全世界が自分になっていくかもしれない。そうなると、いまの一般的な社会の中で「自分」と思われているものが、だいぶ変わっていくのではないかとも思うのです。

**南**　そうなると、よく言われる近代以降につくり出された……。

**養老**　西洋近代的自我、ですね。

**南**　ああいうものはもう、徐々に使えなくなりそうな気がしますね。

**養老**　そういう気がします。

**南**　その話に関連することですが、先生に一度伺いたいと思っていたのは、コスパ、コストパフォーマンスというものがありますよね。

**養老**　はい。

**南**　でも、一番コストのかかるのは人体だと思うんですよ。

**養老**　そうです。だから小さくするっていう意見もありますね。食料難だから小さくするという。

**南**　身体でなく、人間の意識を、もし丸ごとＩＣチップみたいなものに移すことができれば、かなりコスパはよくなるといえますかね？

**養老**　いや、僕はもっと乱暴なことを言ってます。人生をコスパで考えるなら、生まれたらすぐ死んだらいいと。

**南**　その通りです。人体が一番、お金がかかる。だから、仮に人間の意識を人体ではなくて、ＩＣチップみたいなものに移すことができれば、近代の自我は終わるのではないかと思うのです。

たとえばコンピュータやクラウドに、精神や意識を転送、移植、アップロードする。それは近年では可能性のある話として取り上げられますね。

そして、そうしたことがもし実現したら、「悟り」も簡単にできるのではないかと考えてみたのです。ヒンズー教やバラモン教が想定するように、ブラフマンという、いわば大宇宙の生命みたいなものがあって、それが、個体の命と合体するのが「悟り」というのなら、あちらにクラウドがあって、こちらにＩＣチップの個の意識があって、それが直結してしまえば、それも「悟り」になるのではないか。さらに言えば、人間はそのクラウドの中に消えていくのではないのかと。

そうなると、自意識がないわけですから、苦しさはなくなる。すると、宗教の意味もなくなる。科学と経済が、事を解決してしまう可能性がまったくないともいえなくなる。ミシェル・フーコーが、いずれ人間は消えていくと言ったのは、人間という概念が消えていくって意味だろうと僕は思っていました。でも、このままいくと、クラウドの中に人が消えていくのではないのかなと思ったりするのですが、先生はどう思われますか？

**養老**　それは確かに、ずいぶんとコスパがいいですね。でも、ＩＣチップに意識を移すという話を聞くたびに思うのは、なんでそんな無駄なことをしないといけないのかと。世界中に八〇億を超える脳みそがあるわけでしょう。それをなんでわざわざ、さらにつくらなければいけないのかと。

**南**　なるほど。

**養老**　そういう意味では、仏教はコスパがいい。「お前が悟ればいい」という話になるでしょうから。大変な手間をかけて、でっかいコンピュータをつくるより、その人が悟ればいい。「私と宇宙は一体だ」と思えばいい。

**南**　そのほうが早い（笑）。

**養老**　早い（笑）。

## 身体に力が入っていると、虫が見えない

――どのような未来がくるのか想像もできませんが、宗教や哲学だけでなく、科学や経済にとっても、やはり「老いと死」が人間と人間社会の大きなテーマであり続けることは間違いなさそうですね。

**南**　「死ぬ」ということを考えるとき、いま、一番ポピュラーで人気があるのは、こちらの世界からあちらの世界に行くという考え方でしょうね。しかしそれは、ただの「移動」ですから、基本的には、誰も死なないことだともいえます。天国だろうが地獄だろうが、ともかく「同じ自分」が行くことになっている。そして死んだら、懐かしい人に会えると思っている。つまり、みんな「自己」というものがずっと続くと思っている。

ところが、僕のように、この考え方に無邪気に乗れないということになると、とても

苦しくなる。ただ、死そのものを理解しようとするのはやめたほうがいい。丸のみできるように訓練するというか、精進するのがいい。そう思います。

――養老先生はどう思われますか。

**養老**　僕、もうそろそろ、そういう年になりましたからね。

**南**　どんな感じですか、失礼ながら。

**養老**　いや、どうってことないですね。

**南**　どうってことない、ですか。

**養老**　はい。一つ防御策がありますね。自我というか、自分の中に限定するものを、できるだけ広げてしまうという手がありますね。

**南**　要するに、外に向かって、自分を「開く」ということでしょうか。

**養老**　そうです。

**南**　違うもの、異なるものに対して、「開く」訓練をすることですよね。心強いですね。僕もまったく同じことを考えています。世の中には、わけのわからないものがある。死は絶対にわからない。その他に、代表的な「わからないもの」が、二つある。一つは自然。もう一つは他人です。
　自然はある程度わかってきたとしても、わからないことがまた、出てくる。他人は、多少わかるところがあるのが問題で、わかることとわからないことの境目が、わからない。それは仕方がないということを当然の前提として、繰り返し自分を開いていくうちに、変化がでてくるはずです。まずは、わかるべきだと考えずに、わからないことをわかろうとすることを、楽しく思えたらよいように思うのです。難しい境地ですが。
　仏教には、「遊化《ゆけ》」「遊戯《ゆげ》」という言葉があります。禅語というか、仏教語です。「遊ぶ」という言葉があるのは、やはり真面目に答えを出そうとするのは限界があるからだと思うのですね。
**養老**　こないだね、若い人から面白い話を聞きましたね。小林真大《まお》さんです。蛾《が》を研究していて、蛾のように、ブレイクダンスを踊るんです。それで、森にときどき行って、夜に明かりをつけて、蛾を見ている。
**南**　そんな方がいるんですか。
**養老**　ええ。その小林さんが、身体に力が入っていると、虫が見えないって言うんです。でも、身体の力が抜けると、虫が見えてくる。しかも、見えてくるだけでなく、虫のほうから寄ってくるというのです。要するに自然と一体化するというか。

**南**　なるほど。

**養老**　それから、「日本野鳥の会」をつくった中西悟堂《ごどう》（故人）という人がいましたね。天台宗の僧侶でもありました。

　彼は子どもの頃、身体が弱く、健康のために、お寺で修行をしたそうですが、坐禅を組んでいると、鳥が頭や肩にとまったりしたといいます。それも要するに、自然が自分になっているんですね。自分が自然になっていると言ってもいい。そうすると、周りの生き物は、気にしない。木の枝があるのと同じ。

**南**　わかります。若い頃、集中的に坐禅をして、一日五～六時間ぐらい、ぶっ続けで坐ることで身体をつくりました。その頃、参禅に来られた人が、僕の坐禅姿を見て、「青いオーラが見える」と言われたことがあります。正直、悪い気はしませんでした。

　でもやがて、それは違うことに気づきました。その後に、九十歳過ぎて曹洞宗大本山永平寺第七八世貫首になった宮崎奕保猊下《えきほげいか》（故人）の坐禅を見たからです。まるで、置きものでした。気配がまったくしない。木彫りの人形があるみたいな感じでした。

**養老**　その坐禅を見て、さらに修行されたわけですね。

**南**　ええ。そうしてあるとき、猫が近づいてきて、坐禅をしている僕の膝の上を、ものをまたぐみたいにまたいでいきました。「あぁ、ここまでこれた」と思いました。

同じく亡くなられた方で、板橋興宗《こうしゅう》という有名な禅師がおられました。本堂でドアを開けっ放しにして、自由にお参りしてくださいという寺の住職でした。お参りに来て本堂に入ったおばあさんが、坐禅をしている禅師に、「あら、この仏像さん、人そっくりだわ」と言って、なでまわしたことがあったそうです。

道元禅師に「非思量《ひしりょう》」という言葉があります。自意識は、他と自分を区別して自分を閉じようとするでしょう。だから、言語の機能と自意識を両方低減させる。そうすることで、結果的に、自意識を崩していくことになる。訓練として、方法として、一理あるのです。けれども、崩し方はいろいろあるし、そもそも「崩す」というわけではないのですが。

――難しい話ですね。

**南**　（笑）。たとえば、先生が言う、ブレイクダンスで蛾をやる人もそうかもしれないですが、自然と具体的なつながりを持っている人というのは、自意識が邪魔になります。相手を知ろうというときに、自分に対するこだわりがあったら、ちゃんと見えない……。ちなみに先生は、虫捕りをやめることはないでしょう。

**養老**　ええ。

**南**　そうですよね。やめないのは、楽しいこともあるかもしれませんが、非常に重要な「ものを考える方法」なのだろうと思いますから。

## 虫捕りは「気楽」になれる

**南**　ところで先生、昆虫採集に行くと、一回でどのくらいなされるのですか。

**養老**　行く先にもよりますけど、ラオスなんかに行くと、もう朝から晩まで、です。山の中をウロウロしているだけなんですが。

**南**　でも、それはやはり、修行ですね。

**養老**　千日回峰行《せんにちかいほうぎょう》みたいなもんですかね。

**南**　どんな感じですか。楽しい？

**養老**　ポジティブに楽しいっていうのでなく、どちらかというと、気楽なんですね。

**南**　気楽ですか。いい言葉ですね。

**養老**　見つかったところで、小さな虫ですからね。「おぉ。いた、いた」って喜んでいるだけで。

**南**　もうコスパもへったくれもないですね。

**養老**　丸損ですよ。自分以外、誰も喜ばない（笑）。

**南**　でも、そういう、損得とか取引とかみたいなことから離れることが、とても大事な一歩のように思います。坐禅では、閉鎖された自分を解除していくことが大事です。一種の開放作業です。そうすると自意識というものは、とても、もろいことがよくわかるのです。

　そもそも自意識が強烈になるのは、取引とか競争するときでしょう。取引と競争のないところに強烈な自意識なんか出てこない。坐禅をしてわかったのは、人間の意識は行動のパターンで変わるということです。行動の様式を変えれば相応に意識は変わっていくと思うんですね。だから、自意識を解除する最も簡単な方法は坐禅なのだと思います。自意識が溶解していくところをちゃんと見ている感が、坐禅にはあるのです。意識混濁どころか、感覚は冴えてきますから。

――坐禅に近い行動が、自分の生活の中につくれるといいのでしょうね。

**養老**　いろんな人が、実体験を書いていますね。たとえば、七十九歳で亡くなったC・W・ニコルは、ストレスが多くて、わざわざ北極圏にまで行きましたね。それで、自分でカヌーだかなんだか知らないけど、舟をこいでいたら、飛んでいる鳥が、やはり自分の頭や肩にとまったりする体験をしているんですね。わざわざ北極圏まで行って、坐禅をやっているようなものです。

**南**　僕なら、北極圏に行くことにストレスがありそうですが、心理的ストレスはやはり人間にはこたえるんですね。

**養老**　彼の場合はそうだったと思いますね。

**南**　先生は、いかがです？

**養老**　私もそうみたいです。でも最近は、あまりストレスは感じない。どうでもよくなったといえば、そうなので。むしろ虫が急激に減少していることのほうが、心配です（第三章参照）。

## 生きて、死ぬ――そのなかでの「孤立」の問題

――日本の社会状況にも少し話を向けてみたいのですが、いま、孤独死の問題があって、一人暮らしのご老人が多くおられますすね。もちろんそれはご老人だけでなく、他者との関係性が希薄になっている人が増え、そこから生じる問題が多々あるように思われます。

**南**　無差別殺人みたいなことをする人たちを見ると、その多くが孤立しているように見えます。その人たちはもう、自分がいるということはどうでもよくなっているのかもしれない。最後の土壇場で他者の注目を一身に集めることに賭けて、やっているのかなと思われるところもある。だって、自分では死なないわけですから。わざわざ大きな犯罪

をやる。それが、自分が存在したということの証明を得たいからだというようなね。

無差別殺人は拡大自殺だ、という言い方もあるようですが、僕はあまりよくない考え方だと思います。一人の自殺との最大の違いは、他人を道連れにしたいのではなくて、注目されて、自分がいたという存在の証明にしたいのではないかという気がするものですから。孤児院を運営していたある住職が言っていたのは、「人はどんなに苦しくても、誰か別の人に、『あなたは大事な存在なんだ』っていうことを実感させてもらえれば、生きられる」ということでした。

その住職が昔、親が育てられなくなった幼い子を、もう物心がついた頃だったそうですが、引き取ったことがあったそうです。引き取ったあと、住職のお母さんが、三日間だけ、一緒の布団で、添い寝をしてあげたそうですが、その子にとっては、生涯残る記憶になったようです。成長された後もさまざまな苦労をされたそうですが、ときどき帰ってきては、「一緒に寝たことをよく思い出す」と言っていたというのです。たった三日ですよ。

だから、そういう記憶がないと、人はやはり生きているのがつらいと思うのですね。

しっかりした家庭で、可愛がられて育てられなくても、短い間でも、誰かから大事にされたという感覚があればまだいい。でも、その感覚さえなくて、失われてしまうと、切なくなってくるでしょうね。

――いま、孤立していて、そういう感覚を持たない方々は、何か新しく関係をつくっていくほかないということでしょうね。

**南**　どうやって関係をつくるかは別として、とにかく他者との関係を復活させないと、とても大変なことになるし、切ないことになると思いますね。家族と住んでいても、勤めていても、孤立している感じがする。そういう人も、とても危うい感じがしますよ。逆に、かなり厳しい生活環境にあるようでも、何か確かなつながりみたいなものを感じている人は、そんなに追い込まれないでしょうね。

## 「死」を受容する方法、生き方

――「老いてからの死」について、もう少し踏み込んでもらいたいのですが、死を受容する方法を、以前のご著書でも書かれていますね。

**南**　九十歳を超えること、ですね。それは、実際に見てきて、そう思うからです。九十五歳までいけばもう確実ですね。もう考えるのが面倒くさくなるのか、あんまりくよくよしなくなるんじゃないのかと。僕の知る限り、檀家とか知り合いの住職で九十歳を超えて、えらく苦労して死んだという人は、見たことがない。

　ただ頑健なだけでなく、まず基本的に健康体だということもあるんでしょうけど、一つ言えるのは、規則正しい生活をされているということですね。とくに大事なのが、起床、就寝の時間、三度の食事の時間が、ほぼ決まっているということ。もっと厳格な人は、食べるものもほぼ決まっているみたいです。お酒は案外、飲むようですが。とにかくルーティンが決まっている人が多い。それからもう一つ、決定的に大事なのは、先ほどの話と同じですが、大切にされているということ。温かい人間関係のなかにいる。この三つが揃うと、かなりすっと逝《い》かれるように思います。

**養老**　私の周りをみても、確かにそうかもしれませんね。

**南**　最近では、九十四歳の老僧が、朝、読経したまま逝ってしまったということがありました。「すごい、坊さんの理想だ」と思いました。読経の際にいつも鳴る木魚《もくぎょ》が急に止まったから、家族が見にいったら、亡くなっていたそうです。他にも、たとえば檀家で九十六歳だったおばあさんが、一家でご飯を食べてたときに、ふと動かなくなった。茶碗が空になっているのに黙っているので、家族が「おかわりは？」と聞いても、答えない。つっついたら、茶碗が落ちたそうです。

他にも、寝ているうちに逝ってしまったというような話ばかりです。そして本当に、いい顔をされています。住職をやって三十年近くになりますが、そういう方々を見てきた結果から、言えることなんです。

――苦しまずに死ぬことは誰もが願うことかもしれません。他にもよい方法はありますか？

**南**　そうですね。先ほども少し言いましたが、「あの世の話」にのれないのなら、死をわからないものとして引き受ける、丸のみする、というような心構えを身につけておいたほうがいいように思います。

それから、死を受容する方法としては、先ほどの養老先生がおっしゃった「自我を自分の外に向かって広げていく」こともよいように思いますね。自分の「外」というのは、「他人」と「自然」に向けて広げていくということですね。

自然のなかに直接コミュニケーションができるツールを持っていること、自然と回路が通じている生活を続けることは、自意識を相対化するという意味でも、すごく重要なことだろうと思います。一方で、他人に対して、自分を開くことができるかどうか。それも、大きなことだと思います。他人の言いなりになれ、ということではないのです。

生きていれば、お互いの共通の問題というのは、どこにでもあるわけですから、自分の問題は他人の問題でもある。その共通の問題に、何らかの関わりを持っていけばいいのではないかと思います。そのときに「損得」とか、「褒められたい」とかと思わないで、ただ単に、他人と関わるようにする。損得は、自分と他人を峻別《しゅんべつ》して自己に執着することになる。褒められたいと思えば、自分を誇示するか、他人に媚《こ》びて自分を評価させようとする。いずれも自己は閉じて、開かれない。だからそれを放下《ほうげ》して、自己を開くことを繰り返していけば、自ずと死を迎えるための練習にもなるのではないかなという気がするんですね。

**養老**　そうですね。「あちらへ行く」という話でいえば、チベット仏教の「生まれ変わり」の考え方もありますね。そこらへんを飛んでいるハエでも、あなたのおじいさんかもしれないよ、という考え方です。私は、悪くないな、と思っています。チベット仏教を国教としているブータン王国へ行くと、もう犬だらけというか、交差点の真ん中に、犬が寝ていますからね。車は、その犬をよけて走っています（笑）。

**南**　追っ払うのでなく、よけたほうがいいだろうと考える。そういう考え方が、自分を開いていくことにも、つながるんじゃないでしょうか。効率とコスパの人だと、犬を排除して、隔離して……という話になるんでしょうけど。

**養老**　ブータンのその交差点にね、官僚が午前中に信号をつけたことがあったそうです。そしたら、王様が午後に気がついて、「外せ」って言われた。しかも、その官僚をクビにしたなんていう冗談のような話を聞いたこともあります。

**南**　ものを取られたら、取られたほう、取る気にさせるほうが悪いと考える永平寺の教えと一緒ですね。

## 周囲の環境が「自分になっている」

**養老**　そういえば、昨日ね、女房と二人でご飯を食べに外に出て、夜、帰ってきたのですが、帰り道は暗くて、しかも途中に、いくつか「やぐら」という洞穴があるんですね。知り合いからも、その穴倉から何が出てくるかわからないからか、「夜道が怖くないですか？」と言われるのですが、女房は全然怖くないと言います。私も怖くありません。「慣れる」ということもあるかもしれないけど、どうもそれだけではないような気がする。

なぜかと思って考えたのですが、結局、そういう環境自体が「自分になっている」のだと思うのですね。自分の中からも、思わぬものが出てくることがありますね。それこそ、手遅れのがんができているかもしれません。女房が全然怖くないというのは、やはり周囲の環境を含めて、「自分になっている」のだなと思うのです。

**南**　なるほど。

**養老**　それを、「異物だ」と思っていると、怖いとか、何が出てくるかわからないということになる。おそらく、引きこもりの人たちも、周囲に対して、何かそういう思いを持っているのではないでしょうか。それならもう思い切って、見えている限り、それが自分の世界だろうと思ってしまえばいいのかもしれない。

**南**　そこまでくれば、「悟り」ですよね。それにしても、先生は、奥さんをずっと大事にされてきたようですね。

**養老**　女房に言わせると逆ですけどね。

**南**　あらら（笑）。

**養老**　女房の知り合いの話ですが、その方の旦那さんが亡くなる寸前に、もうほとんど口もきけない状態だったそうで、「あんた、なんか言うことあったら、ここに書きなさい」と手のひらを出したそうです。そしたらね、「忍」の一字を書いたそうです（笑）。

**南**　（笑）。僕が夫婦関係で友だちに言われたのは、「自分のやりたいことは一つだけ残して、あとは全部譲れ」ということでした。それを守ると、妻も「この人は、ここから先は触ったらダメだ」というところで止めてくれます。だから、東南アジアに虫捕りに行くということを、危険はあっても、先生の奥様は止めないのだと思いますね。

**養老**　そうですね。

**南**　いまの七十代、八十代の男の人たちは、高度成長期に「一家の大黒柱」とおだてられてきた人たちばかりです。でも「このあと、誰の世話になるつもりなんでしょうね」「それがわかるなら、もう手遅れかもしれないけど、その人との関係に手入れをしておかないと、これから、ろくな目に遭いませんよ」と言うようにしています。

ただ、その「手入れ」には想像力がいります。簡単ではない。相手の考えを察しながらやっていかないと「手入れ」にならないのです。だから、先生の「手入れの思想」はじつに偉大な思想だと思っています。この「手入れ」という発想はどこから得られたのですか。

**養老**　やはり女房がやることを見ていて、でしょうか。よく「手入れ」をする人なんですよ、庭や家とかを。でも、昔は借家に住んでいましたから、かわいそうだなと思ってね。一生懸命に手入れをしても、借家だと他人の家ですからね、結局は。それで、家を買おうと思ったし、毎日のそういう「手入れ」というのは大きいなとも思ったわけですよ。

**南**　そうでしたか。

**養老**　そうです。「手入れ」をしているのを見ていると、結局、「自分」なんだなと思うのです。

**南**　なるほど。周りの環境との仕切りがなくなってくる、みたいなことですね。

**養老**　そうです。そうすると、それを大事にしてあげないと、本人を認めていることにならないわけですから。まあ、理屈で言えば、そういうことになるんでしょうね。

**南**　仏教で「縁起」といいますが、その「縁」というのは、関係性のことで、それを、概念で言ってもダメですね。会話をするとか、何か具体的に、身体的な行為として関わっていくことが、「関係する」ということの、人間にとっての実質的な意味になる。環境と自分との隔たりがなくなるというのは、要するに、具体的な行為できちんとつながっているから言えることで、観念で済む話ではありませんね。

　自分に親しみのある空間とか環境は、「手入れ」をするという具体的な行為によってできていくのだと思うのです。拙著で「縁起とは行為だ」と書いたこともありますが、それも理屈であって、養老先生がいう「手入れ」の思想は、「考えついた」理屈ではなく、奥様を「見ていて気がついた」ものだったのですね。偉大なわけだ。

第二章

# ヒトはなぜ老いるのか

## 小林武彦×養老孟司

*KOBAYASHI Takehiko / YORO Takeshi*

撮影：吉田和本

【小林武彦　こばやし・たけひこ】　東京大学定量生命科学研究所教授。一九六三年神奈川県生まれ。九州大学大学院修了（理学博士）。米国国立衛生研究所、国立遺伝学研究所などを経て、二〇一五年より現職。日本遺伝学会会長、生物科学学会連合代表などを務めた。研究テーマは生命の連続性を支えるゲノムの維持・再生（若返り）機構など。著書に『寿命はなぜ決まっているのか――長生き遺伝子のヒミツ』（岩波ジュニア新書）、『DNAの98%は謎――生命の鍵を握る「非コードDNA」とは何か』（講談社ブルーバックス）、『生物はなぜ死ぬのか』（講談社現代新書）など。近著に『なぜヒトだけが老いるのか』（講談社現代新書）。

## 生物には「老いて死ぬシステム」がある

**養老**　本日は箱根の別荘までご足労いただき、ありがとうございます。

**小林**　こちらこそお招きくださり、感謝しております。じつは私、三島（静岡県）に住んでいて、この辺りにはよく足を運ぶんです。野山を散歩したり、環境省箱根ビジターセンターでイベントをしたり、芦ノ湖周辺で水生生物を観察したりしています。

**養老**　そうでしたか。私も海の生き物、大好きですよ。昔はけっこう潜りもやりました。タコとかアワビなら簡単にとれます。コツがあるんですよ。

**小林**　それはすごい。私はシュノーケリング専門で、あとは釣りもやります。

**養老**　ところで小林さんは老化の研究をされているとか。

**小林**　主に細胞レベルで、老化に関わる遺伝子の働きなどを研究しています。興味深いことに、意外と多くの「老化を速める遺伝子」に遭遇するんです。そういう遺伝子がなければ寿命が延びるのに、なぜわざわざ老化を進めたり、細胞を殺したりする遺伝子が存在するのか。その疑問が「生物には死ぬシステムが備わっている」という仮説に結びつき、DNA（デオキシリボ核酸）の分解に着目して老化の研究を始めました。

大雑把に言うと、「DNAが傷ついたり壊れたりすると、細胞の老化スイッチがオンになって細胞老化が進み、個体も老化する」という見方です。

――ご著書では、「死は進化の原動力」だと述べられていますね。

**小林**　生物学者はわからないことがあると、つい進化について考える。クセみたいなものですね。生物の大元を辿れば、何かわかるかもと言うことです。死の起源については、生命の誕生以前のRNA（リボ核酸）にまで行き着きます。RNAとは、G（グアニン）、A（アデニン）、C（シトシン）U（ウラシル）という性質の異なる四種類の塩基（核酸の材料）と、リン酸、糖がつながった長い紐状の分子です。

このRNAでユニークなのは、自分で自分を切ったり、他の場所につなげたりする「自己編集」の能力と、自分と同じものをたくさんコピーする「自己複製」の能力を備えていることです。加えて壊れやすいという特徴があって、「新しいRNA分子を複製しては分解され、その分解されたRNAを材料にしてまた新しいRNAをつくり……」

ということを繰り返します。そのなかで最も自らのコピーをつくりやすいRNAに進化したものが、私たちの超ご先祖様でしょう。

このRNAの段階では、まだ生物ではありません。やがてRNAがアミノ酸をつなげてタンパク質をつくり、さらにRNAより壊れにくいDNAが加わり、油でできた袋に覆われます。それによりRNAとDNAの「エリート集団」が隔離されて、袋単位で増えるようになって、細胞になっていったわけです。

最初に誕生したのは一つの細胞からなる単細胞生物だったと考えられます。やがて徐々に複数の細胞が寄り集まって多細胞化する。そのなかで効率良く増えるものが「選択」的に生き残り、そのなかでまた「変化」が起こり、多様な細胞が生まれ、多様な多細胞生物が誕生する。さらにそのなかでまた効率良く増えるものが生き残る……。こういった一連の進化のプログラム（変化と選択）をひたすら繰り返した結果、驚くほどの複雑な、しかも多様な生物が出現するようになったのです。

一方で、「選択」の結果に生き残れなかったものは「死ぬ」運命を辿ります。そして死後、分解されて、回り回って新しい生物の材料になります。こういう「ターンオーバー」があるからこそ、新しい生物が生まれ、古い生物は死に、新しい種ができる。それにより「進化」のプロモーションが加速するのです。プロトタイプが壊れないと、ニュータイプが生まれないのです。

つまり生物はRNA分子の時代から、死んでは分解されて新しいものになることを繰り返しながら、進化してきたのです。死は個体にとっては終わりですが、進化にとっては原動力だといえます。

その過程で多様性も増していきました。次世代のほうが、その前の世代よりも多様性に満ちており、生き残る可能性が高くなる。たとえば、ある種の生物に病気が蔓延して絶滅したとしても、その病気にかからない種の生物は生き残ります。生物は常に多様性を生み出すこと（変化）と死ぬこと（選択）で進化して生き残ってこられたのです。

## 寿命の壁

**養老**　日本は長寿社会ですが、寿命は必ずしも遺伝しませんね（二〇二一年の日本の男

性平均寿命は八一・四七年、女性平均寿命は八七・五七年)。

**小林**　環境要因が七五%、遺伝要因が二五%とも言われています。論拠は双子の寿命に関する研究です。遺伝情報がまったく同じ双子なら、亡くなる時期も同じはずなのに、四組中三組でそうならないことがわかったのです。遺伝情報より環境のほうが、影響が強いということですね。

ですから家系的に短命だと思われている方も、不安になる必要はありません。食事をはじめとする生活習慣に気をつければ、大丈夫、長生きできます。

それに私はいま五十九歳ですが、私が小学生の頃の七十歳の方と、いまの七十歳の方を比べると、いまのほうが格段にお元気だと感じます。年齢なりのパフォーマンスから見ても、長生きになっていると思います。

――その理由は生物学的に説明できるのでしょうか。

**小林**　日本人の平均寿命がここ百年で倍近くになったのは、医学の進歩もありますが、最も大きな要因は戦後に改善された栄養状態と公衆衛生でしょう。栄養状態が良くなったから免疫力が上がり、病気に対する抵抗力がつきましたよね。また公衆衛生が改善されたことで、感染症そのものが減少した。これらの相乗効果から若齢で亡くなる人が減ったわけです。抗生物質ができたおかげで平均寿命が延びたというわけでもないようです。

**養老**　結核が典型ですね。僕らが若い頃に、ストレプトマイシン、パス、ヒドラジッドといった薬による「三剤併用」という化学療法ができました。それで結核が〝治る病気〟になったと言われています。

ところがイギリスの疫学者が調べたところ、化学療法ができ上がる以前から患者は減りつつあったとわかりました。医者は何でも自分の手柄にするんですよ。

**小林**　最長寿命が延びていないのも不思議ですよね。私が生まれた一九六三年は、百歳以上の人口は一五三人でしたが、いまは九万人に上ります。毎年、二〇〇〇～三〇〇〇人ずつ増えている。百歳以上人口がこんなにも増加しているのなら、最長寿命が百三十歳、百四十歳まで延びそうなものですが、百十五歳を超えた人は、まだ世界で六七人しかいません。

人類で最も長く生きた人がフランスのジャンヌ・カルマンさんで百二十二歳。彼女が亡くなってから現在までの二十六年間、この記録はまだ破られていません。寿命の延び方から見て、最長寿命だけが伸びないのはなぜか。これはやはり「寿命の壁」があるからでしょう。

――なぜ寿命の壁があるとお考えですか？

**小林**　ＤＮＡは必ずエラーが起こって、少しずつ壊れていきます。もちろんエラーがあれば自分で修復しますが、〝直し損ない〟が少しずつたまっていって、細胞の機能が低下する。ゲノム（ＤＮＡが持つ遺伝情報）は設計図なので、これがしっかりしていないと、がんになったり、細胞の機能が低下したりします。それが老化であり、その先に死がある。であれば、ＤＮＡの限界が「寿命の壁」を形成しているのではないか、私はそう考えています。

## ＤＮＡが壊れにくくなれば、寿命が延びる

**養老**　ＤＮＡの壊れやすさが寿命と関係しているんですね。

**小林**　はい。実際に二〇二二年四月、世界的科学雑誌「ネイチャー」に「DNAが壊れやすい哺乳動物ほど寿命が短い」ことを示す論文が掲載されました。陸上の哺乳動物のなかで一番寿命の長いヒトのDNAが一番壊れにくく、寿命が二年と短いハツカネズミのDNAがヒトの一〇倍壊れやすいことが判明したのです。

**養老**　ということは、DNAを壊れにくくすれば「寿命の壁」を越えられる？

**小林**　ええ。じつはいま、それに関連して「マウス長寿化プロジェクト」というのを少しずつ進めています。マウスの寿命が短いというのは、まだまだ〝のびしろ〟があることの裏返しですから、データが取りやすいんです。

――どのように進められているのですか？

**小林**　マウスのDNAが壊れやすいのは、DNAの修復遺伝子の働きが弱いからですよね。だったら、マウスより寿命の長いほかの生き物のDNAの修復遺伝子を入れてやれば、いまより長寿になるのではないか。そういう発想で進めています。

残念ながら、これはヒトには応用できません。ヒトより寿命の長い生き物は多くないので、ほかの生物のDNAの修復遺伝子を入れても意味はないからです。もちろん倫理的な面からも、そのような実験はできません。

　けれども「ゲノムを修復する能力の高い生き物は寿命が長い」というのは確かだといえます。ＤＮＡの修復能力は「寿命の壁」を突破する一つのカギだと考えています。


――ほかにも方法はありますか？


**小林**　ＤＮＡを壊れにくくする「Ｓｉｒ２《サーツー》」という遺伝子があります。酵母菌を使った実験では、このＳｉｒ２を多く発現させることにより、寿命が三〇％ほど延びました。

　ちなみに酵母菌はアルコール発酵をすすめる単細胞生物です。ビールや醤油、パンなどの製造に使われていることで知られていますよね。寿命を持つシンプルなつくりの生き物であることから、昔から分子生物学の研究材料によく使われるのです。

　またこの酵母のＳｉｒ２は、哺乳動物では「サーチュイン遺伝子」と呼ばれ、七種類見つかっています。それぞれ存在する場所が違い、老化や寿命をはじめとするさまざまな生体機能をコントロールしています。

　もう一つ、Ｓｉｒ２とは逆に、ＤＮＡを壊れやすくする「Ｆｏｂ１《フォブワン》」という遺伝子があります。同じく酵母菌を使った実験では、Ｆｏｂ１が減ることにより、寿命が六〇％

も延びたのです。

そういった実験結果を受けて現在、「ゲノムを壊れにくくする」という視点からのアンチエイジング薬の開発が進んでいます。有望な研究も出ていますよ。たとえば体内でNAD＋（サーチュイン遺伝子を活性化するのに必要な補酵素）に変化する前のNAD＋前駆体（NMN）をマウスに投与すると、寿命の延長効果に加えて体力や腎臓機能の亢《こう》進《しん》、育毛などの若返り効果が見られたそうです。あくまでもマウスでの話ですが、驚きですよね。

NMNはすでにサプリとして市場に出回っていますが、人での効果はまだよくわかっていません。「マウスにいい作用をおよぼしたのだから、人にも効く」という考え方かもしれませんが、ヒトとマウスは寿命も死に方も全然違います。私は正直ヒトでも効くかどうかはまったくわかりません。それで実験というわけではないのですが、一年ほど前から自分でも飲んでいます。三十年後にまだ元気だったら、効いていると思ってくださいい（笑）。サンプル数は一つであまり科学的ではないのですが（笑）。

## 満員電車が長生きにつながる⁉

**小林**　養老先生は何かサプリを飲まれていますか？

**養老**　一切飲んでいません。老化はしょうがない、いまさら薬を飲んでどうする、という考えです。タバコだけですね（笑）。

――タバコが先生にとってのサプリメントですか。

**養老**　みんな健康に悪いというから、健康にいいに違いないと思っています。

**小林**　でも、世界最高齢のフランスのジャンヌ・カルマンさんは、百二十二歳でお亡くなりになったのですが、百十七歳のときにタバコをやめたそうですよ。

**養老**　それまで吸ってた（笑）。私が聞いた話だと、タバコに火をつけてくれる人を気遣ってやめたそうですね。

**小林**　実はカルマンさんが本当に百二十二歳まで生きたのかどうか、いろいろ憶測もあるようです。と言うのも彼女だけが群を抜いて長生きなので。お嬢さんと途中で入れ替わったんじゃないか……と推測している論文もあるみたいですね。

　話を戻すと、ＮＭＮはもともと私たちの体内にあって、加齢とともに減少していきます。だからサプリで補うべきという方もいますが、何も特別なことをしていなくても日本人の平均寿命は伸び続けてきました。先人を見習うと、規則正しい生活や栄養価の高い食事、適度な運動などを心がけ、体内の細胞の機能を正常に保つことが一番大切だと思いますね。

　ちなみにジャンヌ・カルマンさんに次いで、百十九歳という長寿記録を持つ日本の田中カ子《ね》さんは、長寿の秘訣を尋ねられて「規則正しい生活と三食しっかり食べること。甘いものが好きで、栄養ドリンクや炭酸飲料を毎日三本飲むこと」と答えられていました。そんな彼女の生活のなかに、長生きの秘訣がいろいろあるのではないかと思います。ちなみに私もほぼ同じような食生活です。ただ炭酸飲料は、私の場合ビールですが（笑）。

　それと生き方として、養老先生にとっての虫取りのように、何か夢中になれる趣味があるといいですね。

　加えて社会性がないといけません。それは虫を見てもわかります。アリなんかその典型で、一匹で飼うと、すぐに死んでしまいます。たくさんの仲間たちと暮らしていることが、彼らの生命力につながるのです。翻《ひるがえ》ってヒトを考えると、朝の通勤のあの満員電車にも実は長生きにつながるような意味があるのかもしれません（笑）。そうでも思わないと、満員電車には乗れないと言いますか……。

いずれにせよ精神面では、年齢を重ねても社会性を失わず、自分の好きなことに自由に取り組みながら前向きに生きることが大切でしょう。

## 老化は発生の延長

**養老**　小林さんのアンチエイジング研究で興味深いのは、ゲノム研究の枠内にとどまらないことです。ようするにエピジェネティクス（ＤＮＡに刻まれた情報が、環境などによって後天的に変化する仕組みの研究）が、老化現象や寿命に深く関わっていることを研究されている。

私は若い頃、発生学（胚の発生を研究する学問）の研究に取り組んだことがあります。

発生はどの程度遺伝子で規定されているのか、はっきりわからない。遺伝子が発現していく過程で何が起こるかを知りたかった。

衝撃的だったのは、東大に保存されていた結合児（シャム双生児）の標本です。二人それぞれに胴体はあって、頭の後ろでくっついている。顔はちゃんと二つあって、一方は通常の顔で、もう一方が単眼症、目が一つなんです。ゲノム的にはまったく同じなのに、こんなにも姿が異なるのだと、強く印象に残っています。この違いが起きるのは発生のときの問題ですよね？

**小林**　そうですね。遺伝子の配列情報（ゲノム）は同じですから、遺伝子が動き出すタイミングの少しのずれや発現量の微妙な変化でそれほどの違いが生まれてくる、ということだと思います。

**養老**　単眼症は奇形というより、人間のゲノムが持つ形態形成のもう一つのモデルですよね。これもエピジェネティクスの典型でしょう。

ただ当時はまだセントラルドグマ——遺伝情報がDNA→（転写）→mRNA（メッセンジャーRNA）→（翻訳）→タンパク質の順に伝達されるという分子生物学の概念

が出てきたばかりの頃で、エピジェネティクスなんてメカニズムは知られていませんでした。

思えば、DNAの研究が進んだから、エピジェネティクスがいわゆる科学の土俵で語られるようになったわけです。

**小林**　面白い視点ですね。先ほど触れたSir2は、専門用語ではヒストン脱アセチル化を促す、つまりエピジェネティクスを変化させて老化を抑制する酵素です。

少し詳しく説明すると、ゲノムのなかで非常に不安定な（変化しやすい、壊れやすい）のが、リボソームRNA遺伝子群（rDNA）と呼ばれる領域です。リボソームとはタンパク質をつくり出す「翻訳装置」ですが、その遺伝子であるrDNAは増えたり減ったりを繰り返す多コピーの反復遺伝子（同じ遺伝子が並んで繰り返し存在する遺伝子）なんです。

リボソームは大量のタンパク質をつくらなければならないため、遺伝子の必要数が非常に多い。私たちが実験に使う酵母菌で約150コピー、ヒトの細胞だと約350コピーも並んで存在します。もちろん普通の遺伝子はそれぞれ1つずつしかありません。

それらが組換わったり、脱落したりして、コピー数が変化してしまいます。その不安定さから、ｒＤＮＡが寿命のカギを握っていると考えられます。

　ｒＤＮＡは壊れやすい場所という意味で、専門用語で「脆弱部位《ぜいじゃくぶい》」といいます。私はこの脆弱部位の組換えや修復を専門にしていて、研究を進めるうちに遺伝子の増幅に関係するものや、ＤＮＡがこんがらがらないように働きかけるものを見つけました。そのなかで強い影響力を持つ遺伝子の一つが先ほどのＳｉｒ２なんです。

　このＳｉｒ２を活性化すると、ｒＤＮＡのＤＮＡが巻き付いているタンパク質（ヒストン）にくっついたアセチル基が取り除かれます。このことでＤＮＡの塩基配列の転写が抑えられ、遺伝子同士がこんがらがりにくくなり、コピー数の変動も抑えられ、結果としてｒＤＮＡが安定化する。すなわちエピジェネティクスが変化して、寿命が延びるのです。

　逆に言えば、エピジェネティクスを制御してやれば、アンチエイジングにも効果があるということですね。

——そうなんですね、腑《ふ》に落ちました。

**養老**　私はかねてより、老化とは発生の延長だと思っていました。発生のときに働いていたメカニズムが、年を取ってもそのまま働いている、おそらくそれが老化の原因だろうと。

――どういうことですか？

**養老**　たとえば毛の発生を見た場合、成長して皮膚が広がり、毛の密度が薄くなると、新しい毛穴ができて、そこから新しい毛が生えてくる。最初に生えてくるのがプライマリヘアで、二回目がセカンダリヘア、三回目がターシャリヘアとなるのですが、それぞれ形態が違うんですよ。同じ遺伝子が働いているにもかかわらず、発生する毛は同じではない。そうしてステージが進むことが、老化につながるのだと思います。

**小林**　おっしゃる通り、発生のときの傾向がそのまま老化につながる面もあると思います。

## 老化のメカニズム

――サーチュイン遺伝子が増えてＤＮＡが修復されることと、いわゆる若返り現象とはどう関係しているのですか？

**小林**　細胞の一つひとつが修復されて元気になると、細胞の集合体である組織の機能も良くなりますよね。あと若返りには、幹細胞という「細胞をつくり出す細胞」が元気になることが関係している可能性があります。

ヒトが生まれるところから見てみましょう。ヒトを含む多くの多細胞生物は、もともとは一つの細胞（受精卵）から始まります。これが何度も分裂して、細胞の数を増やしていきます。それぞれの細胞が違う役割を持つようになり、体をつくっていきます。そうして組織や器官が形成されていく過程で、大きく三種類の細胞に分かれます。

一つ目が、組織や器官を構成する体細胞です。最も数が多いけれど、細胞が分裂するたびに老化し、やがてなくなってしまいます。ヒトの場合、数十回分裂すると、そこで分裂をやめて死んでいきます。

ただ体細胞がどんどん減っていくと、組織を維持することができません。そこで二つ目の細胞、幹細胞の出番です。幹細胞は失われた細胞を供給します。

たとえば皮膚の幹細胞は、表皮の下の真皮に存在し、新しい皮膚の細胞を供給し続けています。たとえばお風呂に入って、肌をこすると垢《あか》が出ますね。その垢の正体は、老化して死んだ細胞です。でも毎日お風呂でゴシゴシしても、腕が細くなるようなことはありませんよね。皮膚の幹細胞が下から新しい細胞をつくってくれるからです。

けれども年を取ると、古い細胞の死ぬスピードが速くなって、新しい細胞をつくるほうのスピードが落ちてくる。そのためにシワやシミができたり、たるんだりするわけです。ターンオーバーがふつうに起こり続ければ、若い状態を維持できるのですが。

このような細胞の老化と、それにともなう新しい細胞との入れ替えは、全身で起こっています。入れ替わる周期は組織によって異なり、腸の粘膜は短く数日で、骨は長くて四、五年、体細胞のなかでも最も多い血液細胞はだいたい四カ月です。いずれも新しい細胞を供給するスピードは、加齢とともに遅くなります。幹細胞の分裂能力が下がってくるからなんですよ。とくに血液細胞には生体防御に重要な役割を持つリンパ球がありますが、血液細胞を共有するスピードが下がることで、感染症をはじめさまざまな病気に対する抵抗力が下がっていきます。

そういったことから「幹細胞は体全体の若返りに関係している可能性がある」と考えられています。もちろんそれだけではありませんけどね。

**養老**　いまの話で思い出したんですが、私が大学院に進んで最初に与えられたテーマが、「皮膚はなぜ常に同じ厚さなのか」というものでした。六十年も昔のことで恐縮ですが、いろんな実験をしましたね。簡単なものだと、たとえば皮膚に粘着テープを貼って、しばらくしたらピッとはがす。それを何度か繰り返すうちに表皮は薄くなるんですが、いつの間にか新しい表皮細胞が増えて元通りになる。

それはなぜなのかということですね。当時から「皮膚の細胞が減ると、細胞の出していた何らかの物質の濃度が薄まる。それによって細胞の分裂が盛んになり、新しい細胞を補う」というような仮説はありました。私はそれを、つまり皮膚の細胞はどのようにして増えるのかを、ニワトリの胎児の足を使った実験で明らかにしようとしたんです。

**小林**　当時はもう細胞を培養することができたんですね。

**養老**　ええ、できました。このときは培養する前に、まず孵卵《ふらん》して十二、三日のニワトリの足の指を輪切りにしたものを観察して、分裂する細胞の数を数えました。するとある時期になると、猛烈に分裂して、急激に増える。最初は一層だった表皮の細胞が、みるみるうちに多層になるんです。それで何個分裂層があるかを調べて、簡単にグラフにしたんですが、結果は正規分布にならなかった。当然ですけどね、生き物だから。

**小林**　平均を取るのは難しいですね。次にどうしたんですか？

**養老**　指ではなく足の切片で、細胞分裂がどう起こるかを連続的に観察しました。切片の一枚一枚を見て「ここで分裂した、ここで分裂した」っていうのを、足を表面から見た地図に記録して。そうすると、まったく分裂の起こらないところと、たくさん起こるところに分かれたんです。ランダムとしか言いようのない結果でしたね。

ただパターンを見ているうちに、細胞が多層化してからできるはずのウロコが、細胞が一層しかない状態でもう出ている部位があることに気づきました。

――ウロコ、ですか？

**養老**　そう、ニワトリだけではなく鳥の足には毛とウロコがあって、ウロコは毛が二次的に変化したものという説があるんですよ。ネズミの尻尾がそう。ウロコの間から毛が出てくる。このときに中立的な皮膚、将来ウロコにも毛にもなり得る皮膚などないことがわかりました。ていねいに見ると、非常に若いときから、将来の構造が用意されている。地図を書いたところで論文を書いて、一般的な細胞分裂をチェックするのは、バンザイしました。

**小林**　いや、ウロコの間から毛が出てくるとは驚きました。

**養老**　失礼、話が横道にそれました。

——では先ほどの続きで、大きく三種類ある細胞の三つ目は何でしょうか。

**小林**　卵や精子をつくる生殖系の細胞です。この生殖細胞と幹細胞は非常に長生きで、特に幹細胞は生涯生き続けますが、ゆっくりと老化し、受精効率や分裂効率が低下します。

——体細胞はどの組織でも入れ替えを行うのですか?

**小林**　例外的に、心筋細胞と神経細胞は入れ替えがありません。心筋細胞は心臓を動かす細胞で、生まれてから太く大きくなりますが、細胞の数は増えないんです。また神経細胞は、脳や脊髄《せきずい》を中枢とし、全身に信号を送ります。数的には幼少期がピークで、以後は減る一方です。と聞くと、〝脳力〟が低下しそうな気がするかもしれませんが、まったく逆です。もし脳の神経細胞が入れ替わったら、記憶がどんどん飛んでしまいますからね。

言い換えれば、心臓と脳、つまり「心」は一生変わらないということです。

――少し話を戻して、幹細胞以外で老化に関係するものに何がありますか？

**小林**　たとえばミトコンドリアの機能から老化を研究している研究者がいます。ご存じのように、ミトコンドリアは細胞内でエネルギー（ＡＴＰ）を生成したり、アポトーシス（細胞死）させたりする役割を担っています。そうした機能が低下すると、活性酸素がたくさん出るんです。

この活性酸素がＤＮＡやタンパク質を酸化・変成させ、細胞を老化させます。加齢に伴い老化細胞は除去されにくく、そのまま組織にとどまる傾向があるんです。これが溜まると、最終的に肝臓や腎臓などの機能を低下させ「老いた」状態をつくりだすというふうに考えられています。

## シニアのおかげで寿命が延びた

――日本ではいま、人口の三割を六十五歳以上の高齢者が占めています。そのなかでシニア世代にはどのような役割があるのか。小林先生は生物学的視点から、どのように考えていますか？

**小林**　動物学的には、子どもを産めなくなった時期、つまりメスの閉経を「老化」、それ以降を「老後」としています。その定義で言えば、ヒト以外の哺乳動物で老後があるのは、シャチとゴンドウクジラだけなんです。ヒトとゲノムが九九％同じチンパンジーでも、死ぬ直前まで排卵があって生殖可能なので、老後はありません。寿命は四十〜五十歳です。

ではなぜヒトの女性は、五十歳前後で閉経した後も三十年以上生きるのか。進化学の世界ではその理由の一つを、おばあちゃんは若い世代の子育てを手伝うなどの役に立つからだとしています。これを「おばあちゃん仮説」といいます。もう少し詳しくお話ししましょう。

ヒトのご先祖様は今で言うところの類人猿のように、体が毛で覆われていました。変異で徐々に体毛を失い、いまの姿になったわけです。そのためヒトの赤ちゃんは、チンパンジーやゴリラのように母親にしがみついて移動できなくなりました。大人に抱っこされ、世話をしてもらわないと生きられなくなったのです。親からすればそれは、子育てに大変な時間と労力がかかるようになったことにほかなりません。

そこでおばあちゃんの出番です。閉経後の女性が、子どもの子育てを手伝う、あるいは子どもに代わって孫の世話をするという使命を担う必要が生じました。閉経したからといって、人生を終わりにするわけにはいかなくなった。結果、ヒトは老後の人生を生きることになったんです。これは男性（おじいちゃん）も同じだと思います。生物学的に言えば、おばあちゃんやおじいちゃんが長生きな家庭が、より子どもを多く残せて選択されたということになります。

また男女を問わずシニアには、若い世代の子育てを手伝うことに加えて、社会をまとめるという重要なミッションがありました。

シニアがこれら二つの役割を果たしたことが、結果的に乳幼児の生存率を上げ、同時に生き延びるのに有利な集団が形成されていったのではないかと、私は考えています。
一説では「私たちの祖先のホモサピエンスは、集団が大きかったことが幸いして、ネアンデルタール人やデニソワ人との戦いに勝利した」とも言われます。つまり老化した後も社会の役に立つ人たちのいる集団が生き残り、彼らの子孫としての私たちが存在している。現代人の寿命がここまで延びたのは、シニアが社会に求められて存在しているおかげだと見ることができます。

――定年退職して、そのまま社会生活からリタイアしたのでは、シニアとしての使命を果たしていないことになりますね。

**小林**　そう、だから私は年齢で一律に解雇する定年制には反対です。辞めたかったら定年を待たずに辞めて、ほかのやりたいことをやってもいいし、会社に残って働きたい人はいくつになろうが仕事を続ければいい。定年制の名の下にシニアを排除していくようなシステムはあってはいけないと思いますね。
いま、一生懸命働いているシニアに向かって「老害」と揶揄《やゆ》したり、社会から排除しようとしたりする向きが一部であります。誰だってやがて年を取るのに、そういう見方はないだろうと違和感を覚えます。

シニアが社会基盤を整えて、そのうえで若い人が自由にイノベーティブに生きる。そういう二層構造があるからこそ、人間の社会は高い生産性を達成でき、発展していくのです。若者だけだったら、自分たちが欲望のままに暴走するのを誰も止められず、社会の秩序が乱れてしまうかもしれません。いいことはあまりないように思います。

## 人口増加時代の価値観が固定化されている

**養老**　高齢化社会がマイナスイメージで語られることが多いのは、人口が右肩上がりで増えていった時代の価値観が、少子高齢化社会になったいまもなお固定化したままだということが関係しているのではないでしょうか。

人口分布の変化は誰かが意図してこうなったのではありません。人口がどう推移しようと、本来、いいも悪いもないはずです。高齢化社会にだって必ずプラスの面、マイナスの面がある。それなのにマイナスの面ばかり強調する風潮がありますよね。
　典型的なのが医療制度です。高齢者人口が増える一方で、このままだと制度を担う若い世代がいなくなると、盛んに言われています。だったら「人口は放っておいてもひとりでに増える」という時代に合わない価値観は捨てて、医療制度を変えればいいんです。そうすれば医療自体も変化します。
　たとえば「六十九歳を超えた人には、がんになっても積極的な医療を提供しない」と決めるといった方法もありますね。実際、そう提唱している専門家もおられます。

――えっ、医療を受けさせないということですか？

**養老**　そうではありません。いまはがんが発見されたら手術をして切除するのが当たり前と考える人がほとんどでしょう。しかし患者の年齢を考慮して制度が設計されれば、手術をしないという選択肢を提供できると思うんです。
　とくに高齢になると、手術は体への負荷が大きくて患者は大変です。コストもかかる。それに若い人と違って進行が遅いから、体への負担の軽い投薬治療や生活習慣の改善などで対応するほうが楽に生きられる可能性も高い。「医療崩壊」などと騒ぐ暇があったら、そういうふうに医療に対する考え方を変えていくことも必要でしょう。

少々話がずれますが、GDPの問題もそう。「GDPは右肩上がりで増えていくもの」という時代錯誤の価値観があるから、増えないと「何とかしないと大変だ」と不安になる。人口が減っているのだから、GDPが増えないのは当たり前。しかも私の直感では、数字の裏に環境問題があるように思えてなりません。

日本人はもういい加減、環境破壊につながるようなことをやりたくないんですよ。実際、公共投資の人気がなくなっていますよね。巷間《こうかん》、「失われた二十年」などと言われていますが、それもかつてに比べると公共投資が減っていることの裏返し。仮にこの二十年、経済成長し続けていたとしたら、二酸化炭素排出量はとんでもないことになっていたでしょう。

日本は三年連続で「CAN（Climate Action Network）」という環境NGOから「本日の化石賞」なる不名誉な賞をもらっているそうです。何でも気候変動対策に対して足を引っ張った国に与える賞だそうですが、的外れも甚《はなは》だしい。日本は失われた二十年で、成長と引き換えに二酸化炭素排出量をかなり抑えたんです。胸を張ってもいいくらいだと、私は思いますね。

## シニアは「私利私欲が少なく、世のため人のために活動する人」

**養老**　私が言いたいのは、価値観が昔に固定されているのが良くないということです。

**小林**　シニアを社会から排除することの背景にも、それがありますね。現実問題、シニアは国のお荷物なんかになりません。経験知が高いのはもちろん、バランス感覚が良くて、私利私欲が少なく、国のためにがんばろうという気概がある。そんな人材はシニアのほうが若者より圧倒的に多いのではないでしょうか。しかも子育てやマイホームにかける費用がない分、シニアに高い給料は不要です。

――人材市場も今後は「若くて潑剌《はつらつ》としている人を求める」ような偏りがなくなっていくことが期待できそうですね。

**小林**　そうなると「高齢者」とか「老人」といった呼び方は落ち着きが悪い。「シニア」がいいですね。定義は「私利私欲が少なく、世のため人のために活動する人」といったれますよね。

ところでしょうか。そういうシニアが増えると考えれば、高齢化社会をプラスに捉えら

――大学の現状はどうですか？　シニアが排除されるような傾向はありますか？

**小林**　それ以前の問題として、研究の分野が二〇〇九年ごろからまったく伸びていません。文科省の科学技術・学術政策研究所が行った二〇二二年の調査によると、二〇一八年から二〇二〇年における、自然科学分野で多くの研究者に引用された「質の高い科学論文」の世界ランキングで、日本は上位一〇位圏外に転落しました。

また二〇一八～二〇年の年平均数では、引用数が上位一〇％に入る質の高い論文の数が日本は三七八〇本で、前年の一〇位から一二位に後退しています。首位の中国とは一〇倍超の差をつけられ、一一位の韓国にも追い抜かれました。

二十年前はアメリカ、イギリス、ドイツに次ぐ四位で、十年前は六位と、下落傾向に歯止めがかからない状況です。

ある意味、研究者人口が減っていて、予算も増えておらずしようがない部分はあります。けれども、定年制を利用してシニアの研究者を積極的に排除していったことも無関

係とは言えないでしょう。

　定年を過ぎてもまだまだ研究を続けられる人はたくさんいると思いますよ。現にアメリカの大学は教員に定年制がなく、多くのシニア研究者が活動を続け、分野を牽引し、若手を育てています。定年による線引きはなくしたほうがいいと、私は思っています。

## ＡＩは死なない

**小林**　話は変わりますが、私は生物の死を研究するなかで、ふと「死ぬ生物と死なないものとを比べなくてはいけないのではないか」と考えたことがありました。何かが「あるもの」を解き明かすために、「ないもの」と比べるのは研究の鉄則ですから。ただ、生物はすべていずれは死んでしまう。では死なないものは何かと考えると、ＡＩなんです。
　ＡＩは「人工知能」と呼ばれるように、知識や情報を蓄積、学習しながら「進化」していく点が生物的でもあります。一方で私たちヒトは、どれだけ勉強しても死んだらすべてがゼロになる。そこが大きな違いです。死なないＡＩは世代を超えて進歩し続けていき、ヒトはＡＩの思考のプロセスを理解することも難しくなるかもしれません。そうすると、ヒトはＡＩに対して従属的な関係になってしまう可能性があります。

最近話題のチャットＧＰＴ（対話型ＡＩを活用し自然な文章を生成するサービス）が登場したときは、研究者にも激震が走りました。どんな質問にも、質問の仕方次第では、ほぼ完璧な回答で応じるし、文章の添削、校正、要約はもとより、翻訳や議事録・レポートの作成、研究のアイデアまで、あらゆる作業を瞬時にこなします。たとえば私の研究にしても、「ゲノムの安定性」「ＤＮＡ」「老化」などのキーワードを入れて、条件設定して論文を書くよう指示すると、一〇〇点とはいかないまでも、六〇点くらいの答案はすぐにつくりますよね。

オンライン授業になってからレポートの課題に対して「コピペ（コピー＆ペースト、テキストや画像データなどをネットからとってきて切り貼りすること）」が目立って使われるようになっていたんです。でもコピペなら、見つけるのは簡単です。ネットで検索をかければ、すぐに同じ文章が見つかるので、「カンニングしちゃダメだよ」と注意することもできました。

チャットGPTの作品だと、そうはいきません。何をどう転用したのかがわからないのです。このままだと教員は「チャットGPTを採点する人」になりかねない。超危機的状況です。

**養老**　養老先生はチャットGPTを使ったことがありますか？

**養老**　ついこないだ、使ってみました。けっこういいことを書きますね。

**小林**　そうなんです。だから困る。チャットGPTにお願いとして、私の授業に関するキーワードを学習させておいて、学生が似たようなキーワードで作文を依頼したら「それは小林先生の授業のレポートだから、自分で解きなさい」と回答してもらうようにしたいですね。模範解答みたいなのがポンと出てきたら、学生さんは勉強しなくなってしまいます。

ただITリテラシー――チャットGPTを含めてITを使いこなす能力を身につけることは重要です。チャットGPTに答案をつくってもらうのはまずいけれど、情報を集めるため、整理するために活用するのはいいと思いますね。

もう一つ私が問題だと思うのは、ＡＩには常に「間違える」という問題がつきまとうことです。たとえばコロナ禍《か》の報道で、ときどき「ＡＩ予測」が発表されましたが、「ピタリと当たる」レベルには程遠かったですよね。まだ「学習量」が足りなかった部分があるにせよ、予測や判断を誤る確率は常にあります。そして間違えても誰も責任を取りません。

たとえば学生がチャットＧＰＴに課題をやらせたとして、教師が「ここ、間違ってるよ」と指摘しても、学生は何とも思わないようになるかも。心のなかで、「先生、その答えを書いたのはチャットＧＰＴだから、僕に言われても……」という感じで、自分の答案に責任を取らなくなる、学習にもならない。そういう学生と、自分できちんと調べる学生の間で、実力の差が大きく広がっていくのは確実です。

## 仕事が効率化されても楽にはならない？

**小林** あと一つ付け加えると、対応型ＡＩを開発している人たちは、盛んに「仕事の効率が上がる」ことをアピールしています。実際、労働時間が三〇％短縮化されたとか、ニュースで報道されていました。それはいいとして、その短縮された三〇％の時間をどう過ごすかが問題です。

養老先生のように虫を捕まえて観察するとか、自分の好きなことをする時間に充《あ》てるのなら最高です。でも多くの日本の会社ならびに社員たちは、空いた時間に別の仕事を入れるでしょう。あるいは労働時間の短縮にともない三〇％収入が減るようであれば、嫌ですね。

ここ数年を見ても、メールやズームなど、仕事の効率化を図るはずのツールを使うようになってから、労働時間は減るどころか増えているようにも感じられます。これから対応型ＡＩが普及していくと、考える作業が減り、仕事の没個性化が進む一方で、労働時間だけが増え続ける。そんな状況になることも考えられますよね。

もちろん役に立つことはたくさんあります。最近はチャットＧＰＴにさらに画像情報の処理能力が加わるなど、バージョンアップしています。ほかにもいろんな技術が付加されて、使う側の活用範囲はどんどん広がっていくでしょう。先生が取り組まれている虫の分類にも将来的に役立つかもしれません。ただ機械学習型だから、学習するためのデータを人が入れる必要はありますが。

**養老**　その点が問題ですよね。文章や画像をデータとして入れることはできても、たとえば私みたいに虫を捕まえてきて、こういう虫ですと記述する作業は、いまのところＡＩにはできない。以前から感じていたことですが、ＡＩはすでにある情報を処理するのは得意で、人間の能力なんかとっくに超えているけれど、一次情報をつくることはできません。ＡＩは利口な作業しかやらない、ともいえます。

**小林**　いわゆるホワイトカラーの職業は、ことごとく侵食されますね。

**養老**　そう、裏を返せば、これからの人類では一次産業的な営みが重視される時代になるということではないでしょうか。自分の体を使って価値を生み出し、五感でインターネットに出てこない情報を得る生き方が見直されるのだと思います。

**小林**　養老先生や私の世代は、コンピュータが人間の知能の高さに比べると、足元にもおよばなかった時代を知っています。そのせいか、まだコンピュータを全面的に信頼する気にはなれません。常に懐疑的なので、コンピュータのはじき出す情報に安易にだまされることはないのです。

ところがこれからの子どもたちは、生まれたときから親や先生よりも知識の豊富なAIに教わるようになるかもしれない。そうすると自分では何も考えず、経験せず、ただコンピュータの言うことを鵜呑《うの》みにするようになるのではないかと危惧しています。

## メタバースの世界で不老不死を実現する?

**小林**　ただチャットGPTも一通り使いこなしたうえで、むしろ自分の頭と体を使うほうが、価値があると思えるようになれば、私たちは次のステージに移れるはずです。何事も自分の頭と体を使ってやるほうがおもしろい、というふうになればいいなと。
とはいえゲームだって、一時夢中になっても飽きる人がいる一方で、深みにはまって、やり続ける人もいます。同じようにチャットGPTから逃げられない人も出てくるかもしれませんね。
**養老**　そういう人は全部、メタバース（インターネット上の仮想空間）のなかで生きてもらうほうが有意義なのではないですか。死なないようにしてあげてもいい。肉体が老いても、メタバースの世界なら、アバターの自分としてずっと生きていくことができますから。

――生身の自分の肉体は老いても、アバターの自分はメタバースの世界で老いも死にもせずに生きていくことが可能になるんですね。

**小林**　自分の特徴やこれまで言ったこと、考えたこと、体験したことなどのデータをアバターに入れておけば、不老不死も不可能ではありませんね。本人以外の人にとって、いつまでもその人が生きているような感じを作り出せます。メタバースの世界で不老不死状態を実現させるというのはある種の実験ですが、周りの人々に迷惑をかけないように、社会実験的なことはメタバースのなかで完結させるのは、いいアイデアかもしれません。

**養老**　そう、戦争だの、金儲けだのはすべて、メタバースの中にとどめてほしいね。リアル世界はそれよりはるかにプリミティブ（原始的）でいい。人間は何十万年もかけてゆっくり変わっていくのですから、リアル世界が短時間で激変することはないと思いますよ。

問題は、誰かが人間をいじりだすことでしょう。メタバースのような人工化された世界で生き残れるように、人間のほうを変えていくような未来が待っているのかもしれません。

**小林**　そういう動きは出てきますね。ようするに「人間の頭を良くする」ということでしょうか。結局のところ、人間が目指すのは「頭を良くする」ことと、「不老不死を手に入れる」ことなのかもしれません。グーグルあたりはすでにその種の研究所もつくっていますし、投資も集まっています。「長生きしたい」という願望の表れのように感じます。もちろん悪いことではありません。

私自身はそれよりも、「生物は老いて死ぬようにできている」ことをしっかり認識してもらいたい気持ちが強いですけどね。

**養老**　いまの世界が進んでいく先はメタバースだと、私は思ってるんです。いまの人間社会はそのままにしておいて、完全に人工化されたメタバースの世界に住みたい人はそうすればいいし、リアルの世界にいたい人はい続ければいい。

**小林**　同感です。メタバースの世界だったら「なりたい自分」になれて、いろんなシミュレーションが楽しめる。ゲームのなかに住んでいるようなものですよね。

## 質量のない世界へ

**養老**　メディアアーティストの落合陽一さんが世界を質量のある・なしで線引きするんです。おもしろい見方だなあと思って。そういう捉え方をすると、メタバースは質量のない世界に分類されます。私たちはこれまで質量のある世界にどっぷり浸かってきましたが、情報化社会が進むこれからは、質量のない世界のほうへ流れていくかもしれません。

**小林**　それが自然な流れなのでしょう。私が思うに、そもそも人間というのは「自分の肉体から解放される」ことを夢見る唯一の生物ですよね。だから空を飛びたいとか、遠いところへ瞬時に移動したい、長生きしたいと、自分の肉体を使ってできることの限界を超えたがる。そう考えると、メタバースの世界が普通になっていく可能性は高いですね。

**養老**　そう思いますね。それにしても、どうしてメタバースの世界の自分はアバターなのでしょうか。アバターのほうが自分だと言う人が出てきてもいいように思いますけどね。生身の自分など、もはやいらない、とかね。

一方で、仮にそういう新しい価値観が登場しても、質量のある世界に取り残されている自分こそが自分である、という大前提はなかなか崩せないかもしれません。

――養老先生はメタバースの業界団体の代表理事をされています。今後、メタバースにどんなことを期待していますか？

**養老**　私はずっと都市を「脳化社会」と呼んできました。都市は人間の意識がつくり出した世界だということです。その脳化社会の最後の形がメタバースでしょう。リアルではなくネット上に人間が頭で考えた世界を設《しつら》え、そのなかに自分が入っていく。いまはまだVRゴーグルなどの〝武装〟が必要ですが、ぐんと軽装になってスマホのように普及していったら、人間の考え方や感じ方にどんな変化が出るのか、関心があります。

また私が期待しているのは、メタバースのなかに現在の環境を記録しておき、後世に活用することです。現状では、写真や映像に記録することは可能ですが、視覚でしか情報を得られません。あとは想像力頼みです。

その点、メタバースの世界では生身の自分がその場にいなくても、軽々と距離を飛び越えて違う場所に行けます。時間を超えて、違う時代にだって行けます。記録さえあれば、後世の人がいまここを訪れることが可能になるのです。そうすると歴史や、時代とともに変化を続ける環境を、メタバースのなかである程度体感することができますよね。

たとえばアジアはいま、森林がどんどん失われています。絶え間なく変化するなかで、以前の様子はどんどん上書きされます。やがて森林が消失してそこに街ができると、かつての風景やそこに生息していた生き物、文化などは現実の世界からも、人々の記憶からも消えていくでしょう。

けれどもいまの状況を何とかメタバースに記録しておけば、未来から「〇年前はこんなふうだったのか」とリアルに感じることができます。自然環境そのものを保護するのは大変ですが、保護活動と並行してメタバースに記録しておくことは意義があると思いますね。

**小林**　さっきのチャットGPTも含めてウェブ全般に言えることですが、大事なのは使い方ですよね。メタバースもたとえば不登校の子どもがアバターとしてオンライン授業を受けて、先生やクラスのみんなと交流したり、その場にいるのと同じような体験をしたりなど、ちょっとメタバースで練習をしてから現実の学校に通うよう支援する。そんな取り組みを始めている学校もあると聞きます。

いままでは学校に行かなければ授業を受けることができなかったし、オンラインにしてもリアルの自分が参加するしかなかった。メタバースを活用すれば、そういったハードルを下げることができますよね。

**養老**　教育の分野では、いろいろ活用できそうです。私の好きな虫取りにしても、やったことのない子どもが〝メタバースの森〟で体験して、おもしろかったと現実の野原に出ていくことがあるかもしれません。現実世界での行動につながるきっかけになるのではないかと期待しています。

## 大地震が歴史を変える

**養老**　このところ、社会と経済のあらゆる側面を見直し、刷新する「グレート・リセット」が必要だと叫ばれています。ただ日本では、パンデミックもロシア・ウクライナ戦争も、大転換をもたらしているとまでは言えない。良しあしを措《お》いてあえて申し上げれば、日本の歴史を大きく変えるのは地震ではないでしょうか。

三月の初めにＮＨＫで南海トラフ巨大地震の仮想ドラマが放送されていて、そのシミュレーションでは西から「半割れ」が起こるという設定でした。「半割れ」とは東西の震源域でそれぞれ別々に、しかも時間を空けてずれ動くケースで、マグニチュード８クラスの巨大地震の連動が予測されています。

**小林**　首都圏直下地震も近い将来に起こる可能性があると言われていますね。

**養老**　日本の歴史を振り返れば、一八五四年に起きた安政東海地震の後、徳川幕府が消滅し、長く続いた武家政治が終わりました。その前年のペリー来航がきっかけで歴史が大転換したとされていますが、私は明治維新を招いた一番の要因は地震だと睨《にら》んでいます。その後、南海地震と、安政の江戸の大地震（一八五五年）が併発しましたからね。
さらに遡《さかのぼ》って、一一八五年に京都で元暦の大地震（文治地震）が起きたときは、平安時代の貴族政治から平家による武家政治に大転換しました。鴨長明《かものちょうめい》が『方丈記』に記しているように、本震と同程度の大きな余震が三カ月も続いたそうです。
そうした歴史に鑑みると、もしも日本が大地震に襲われたら、グレート・リセットが起こるのかもしれない。地震学者の尾池和夫さん（元京都大学総長）はかねてより「二〇三八年に南海トラフ巨大地震が発生する」と訴え続けています。あと十五年しか猶予がありません。

**小林**　大地震によって、日本はどのように変わるでしょうか。

**養老**　問題は復興のあとでしょう。復興はできるかもしれないけど、その後の日々の暮らしをどう維持するか。その頃の日本人は、国際的に見てかなり貧乏になっている可能性があります。そうなったときにカネで日本を支えられるのは中国である可能性があります。

このことはあまり一般的な言説として出ていませんが、唯一、デービッド・アトキンソンという人が著書『国運の分岐点』（講談社＋α新書）のなかで触れています。彼はゴールドマン・サックスの伝説のアナリストとして知られる人物で、「銀座の土地を買い漁ったり、京都の町家が並ぶ一画を買い占めて再開発したりなど、現在の中国資本の勢いを踏まえれば、日本の様々なところに中国資本が入ってくることは十分にありうる」と述べています。「気がついたときには中国の属国になっていた」というのが最悪のシナリオだ、とも。

**小林**　なるほど、中国の日本省ですか。以前は中国は体制や貧困に対する国民の不満がたまって、内部から崩壊するとの可能性も言われていましたが、そうならずに豊かになりましたからね。しかも中国の人には強い生命力がある。東大では留学生のおよそ半分が中国人で、私のラボにも何人かおります。彼らと接していて、優秀だし、精神力がたくましいと実感しています。日本人の学生はどちらかと言うと……。

**養老**　とろっとしてるでしょ。

**小林**　とろっとしてます。博士課程に進む学生は少ないし、私が学生の時代に比べるとやりたいことがよく見えません。生物学科を卒業しても、条件がいいということで他業種、たとえばＩＴ企業に就職する例も少なくありません。もちろんご本人の自由です。

**養老**　もっとも国民みんながハッピーに暮らせることが一番大切なことですから、中国と力を合わせて進んでいけたらいいと思います。

**小林**　いずれにせよ地震が来るのは確実ですから、サステナブルな対策をいまのうちに考えておく必要がありそうですね。

**養老**　そこで期待しているのが、小さな地域のなかで自給自足できる体制を整えることです。そもそも私は、皆が自給自足に近い暮らしをすることがハッピーだと考えています。なぜかというと、自らが取り組んでいる仕事にどういう意味があるかが見えるから。巨大組織に入ってしまうと、自分の仕事の意味が見えないんですよ。それに、現代人は体を使わなすぎる。自給自足の暮らしは、体を使う喜びを得られる暮らしです。地震の後に、そのような幸せな社会をつくったらいいんですよ。

**小林**　私も老いや死を研究するなかで、「幸せって何だろう」とよく考えるようになりました。メタバースの話ではないですが、不老不死を獲得することが幸せにつながるとは思えません。また昆虫のような没個性的な生き方も違います。やはり個性豊かに人らしく生き、最後は惜しまれて「利他的に」死ぬことが幸せにつながると思っています。

第三章

# 高齢化社会の生き方は地方に学べ

撮影：伊藤ヨシユキ

## 藻谷浩介×養老孟司

*MOTANI Kosuke / YORO Takeshi*

**【藻谷浩介　もたに・こうすけ】**　日本総合研究所調査部主席研究員。一九六四年山口県生まれ。地域エコノミスト。東京大学法学部卒業。米コロンビア大学経営大学院修了。日本政策投資銀行参事役を経て現職。平成大合併前の約三二〇〇市町村のすべて、海外一一九カ国を私費で訪問。著書に『デフレの正体――経済は「人口の波」で動く』『里山資本主義――日本経済は「安心の原理」で動く』（以上、角川新書）、『世界まちかど地政学――90カ国弾丸旅行記』（毎日新聞出版）、『日本の進む道――成長とは何だったのか』（養老孟司氏との共著、毎日新聞出版）などがある。

## 都市は触覚を軽視している

**養老**（Ｚｏｏｍ画面を見て）藻谷さんが背景にしていらっしゃるのは、どこの写真ですか？

**藻谷**　三重県の松阪の奥に広がる「香肌峡《かはだきょう》」という峡谷です。中央構造線の真上にあって、沈下橋《ちんかばし》の架かる川が西から東へと流れているんです。とてもきれいな景色だなと感動して、写真に収めました。

**養老**　非常にいい景色ですね。

**藻谷**　ありがとうございます。もしかしたら養老先生は、川を境に右岸側と左岸側で生態系にどんな違いがあるか、といった興味を持たれるかもしれませんね。

**養老**　それもありますが、何となく中国の「仙郷《せんきょう》」と呼ばれるところを連想しました。最近、中国の連続ドラマを見ていて、彼らは仙人とか、仙人の住む仙郷が好きらしく、自然の風景がよく出てくるんです。中国にはまだこういう幽玄な景色の自然が残っているのでしょう。

藻谷氏のZoomの背景になっている香肌峡の写真

**藻谷**　それは四川《しせん》省や雲南省の奥のほうでしょうか。日本だと人里から隔絶された場所は、そうそうめったにはありません。香肌峡もすぐそばを国道が通っています。でも川が道から少し低いところを流れていて、視界に電線や建物が入らないのはいいですね。とはいえ三重県民でもほとんどの人は、松阪のほんの少し先にこういう場所があることに気づいていないことでしょう。私も車を停めてちょっと歩かなかったら、気づきませんでした。

**養老**　そういうものですよ。

**藻谷**　でも考えてみると、飛鳥時代に朝廷と伊勢神宮を結んだ街道は、この川（櫛田《くしだ》川《がわ》）沿いだったはずなので、この風景に親しんだ皇族や官人は多かったはずです。

**養老**　藻谷さんはずっとこういう自然に触れておられるから、感覚がずいぶん変わってくるのではありませんか？

**藻谷**　自転車で旅をした若い頃と違い、いまはなるべく車や電車を降りて歩く程度なのですが、旅番組や動画は一切見ない性質《たち》で、出向いて全身でその場に触れることを楽しんでいます。

養老先生からお聞きしたのは、もう七年も前になります。「視覚と聴覚だけでなく触覚も、大脳の新皮質と直結している。だから言語は音声や文字だけでなく、点字でも伝えられる。触覚を鍛えると脳も鍛えられる」と。それで、なぜ私がテレビや映画をほぼ見ないのか、稀《まれ》にライブに行く以外に音楽を聴かないのか、納得がいきました。音と映像だけ、というのがだめなのですね。その場の臭いや味、そしてそれ以上にその場の温度とか風とか圧とか、傾きや加速度などの触覚系の刺激が同時に得られないと、脳が疲れてしまうようなのです。

**養老**　都市というのは、人に触られることを拒絶しているところがあります。たとえばコンクリートのむき出しの壁なんて、誰も触る気になれません。屋外の金属製の手すりだって、日が当たっているときに触ったら、熱くて火傷しそう。逆に寒いときは、手がくっついてしまう。安全性や耐久性だけで物を造るから、そういうことになるんです。

**藻谷**　木製の部分があると、ほっとして触りたくなるのは、そのせいなんですね。その点、自然は人に触られることを拒みません。

## 里山資本主義こそ本来の資本主義

――自然は地方に豊かさをもたらす大切な資本の一つです。そのことも含めて改めて、藻谷先生の提唱する「里山資本主義」について教えていただけますか？

**藻谷**　「里山資本主義」という言葉の発明者は、ＮＨＫ広島放送局のディレクターでした。広島県内の過疎地で、里山を活用して楽しく暮らす人たちと触れ合う中で、直感的に思いついたそうなのです。私はナビゲーターとして、彼らの制作する番組シリーズに出演していたのですが、コメント中にいきなり「ここで、里山資本主義を解説！」と段り書きした画用紙を出され、面食らいつつも、その場で必死に意味を感じ取ってしゃべっていたものです。

けれども講演などでこの言葉を使ううちに、「これは農山漁村だけの話ではなく、都会でもどこでもできる〝里山〟的な経済生活を表す概念だったのだ」と気づき、考えが固まっていきました。現場で感じ取られた言葉が先にあって、追々理解が追いついてきたわけです。そして十年を経たいま、「里山」に「資本主義」をくっつけたのは、実に見識だったと感じます。

そもそも我々は「資本主義」の定義自体を間違って捉えていたのです。

――間違い、というのは？

**藻谷**　資本主義とは何か。人間の歴史の始まりに遡ってその本質を考えれば、「資本を循環再生させて、利子を得る主義」ではないでしょうか。では資本や利子とは何か。皆さん、資本も利子も「お金」だと思い込んでいますが、資本も利子もお金の発明以前からあったのです。

たとえば田畑は、開墾《かいこん》という投資で得られた資本で、そこからは作物という利子が取れます。原始時代の石器は、砕いたり磨いたりという投資で作った道具で、使えば獲物や工作物という利子が得られます。田畑も石器も、一度きりで使えなくなるものではなく、手入れして循環再生させれば、利子を継続的に受け取ることができます。投資して資本を得、その資本を循環再生させて利子を得る――人類に共通のこの営みこそが、資本主義です。

ちなみにその反対は、投資と循環再生を怠り、資本を使い潰してしまうこと。目先の欲に駆られて、たとえば木を伐《き》り過ぎて禿《は》げ山にするのは、反資本主義的な行動なのです。

「資本主義」という語に、弱肉強食の競争というニュアンスを入れたのは、マルクスなのか、その先駆者なのか……。ですがそんな資本主義では、労働力という資本が循環再生されません。つまり一般に「資本主義」とされているものはむしろ、資本をないがしろにして循環再生させない「主義」、短期的な金勘定に支配されて自滅に向かうエセ資本主義なのです。

そう考えると、里山と資本主義をくっつけることは不自然ではありません。生態学では里山というのは、農村集落の身近にあって人が手を入れている山林地のこと。薪《まき》や木材の供給地として、また水源として、循環再生を繰り返して大事にされてきました。この山林を、人が生きていくために必要なすべての資本に置き換える。つまり資本を「里山」のようにとらえ、大事に循環再生させて利子を得続ける「主義」、それが里山資本主義なのです。

そのように、人間が生きていくために必要な利子を生むものは、何でも資本といえるわけですが、わかりやすくするために、ざっくりとヒト、モノ、カネ、情報の四種類に分類してみましょう。さらにモノは、自然物と人工物に分かれます。

資本としての機能を持つ自然物を、経済学では「自然資本」と呼びます。そこからは利子として、水、食料、燃料がとれます。山菜やジビエ料理の食材のように、取り過ぎないことで自然な再生を待つべき利子もありますが、用水、用材や薪や紙、農作物や家畜、魚介類のように、循環再生を促進する投資をすることで、利子が多く取れる資本も多いですね。日光・風・地熱を資本として「再生可能エネルギー」を得る技術も、どんどん進化しています。金属資源も、リサイクルが進歩して、循環再生で回せる部分が増えてきました。

自然資本の源泉は、いま降り注いでいる太陽光です。これに対し、過去の太陽光が蓄積された化石燃料は、非常に高いカロリーを持っているのですが、使っただけ減ってしまって循環再生できないので、実は資本とは呼べません。ウランも、核燃料サイクルを回せば無限に使えると期待されましたが、実用化はできておらず、やっぱり資本ではなかったようです。

## 「ヒト」「モノ（人工物）」「情報」の循環再生

――自然以外の資本については、どのように循環再生されますか？

**藻谷**　たとえばヒトという資本に、子どもを産み、育てるという投資をすれば、「次世代」という利子が得られます。お金に換算される「労働力」の話をしているのではありません。この「次世代がいる」という利子は、楽しく老後を過ごすには不可欠のものです。私も五十九歳になって、おじいちゃん気分といいますか、公園で赤ちゃんが泣いていたり、子どもたちが遊んでいたりする様子を見ていると、とても楽しいんですよ。自分が子どもの頃と同じように、棒きれを振り回して騒いでいたりすると、「ああ、人間って、変わらないなあ」と。

あるいは直接の後継者であるかないかにかかわらず、自分が積み上げてきたことを受け継いで、発展させてくれる人がいるかもしれない。そういう楽しみもあります。

養老先生も子どもたちと虫を捕ったりして遊んでいますよね？

**養老**　はい、楽しいですよ。

**藻谷**　先生が楽しいだけではなく、参加した子どもたちも「優しいおじいちゃんと虫を取って楽しい」と言う。これはおもしろい。大人だと緊張感のほうが先に立つような……。

**養老**　いやいや、こちらも相手が子どもだと、無警戒ですから。

**藻谷**　そこでの子どもさんとの交流は、先生からのある種の「恩送り」かもしれませんね。

**養老**　恩送り、ですか？

**藻谷**　お金以外の資本も大事にする里山資本主義では、お金を払って手に入れるいわゆる「等価交換」だけでなく、お金を介さない「物々交換」や、余ったものを見返りを期待せずに人にあげてしまう「恩送り」も重視します。大人は、昔育ててもらった恩を、子どもに返すわけですね。自分に直接に見返りはなくても、社会全体としては、それは投資なのです。

**養老**　いい言葉ですね。私自身は楽しんでいるだけですが、いまはそんなふうに「単純に楽しむ」ということが少なすぎますね。

**藻谷**　確かに何かと直接に因果関係のある「効能」ばかり重視しがちですね。ですが閉じこもってスマホを見ているくらいなら、理屈抜きに人や自然の中に出たほうが良さそうです。

それにつけても養老先生はバイタリティがすごい。子どもたちから遊びの誘いがあると、「じゃあ、行ってあげましょう」と、ひょいと腰を上げられる。とても身軽ですよね。同年代どころか、二十〜三十歳くらい若い世代の方に比べても、ずっと活動的でいらっしゃいます。そのエネルギー源は何なのでしょうか？

**養老**　大変だから元気なんだと思います。楽しみたいからやって、やってみたら大変で、でも大変な分、エネルギーが充塡される、という感じでしょうか。

## 鎌倉が生み出した「利子」

——確かに、簡単にできることだけをやっていたら、元気がなくなっていくかもしれませんね。大変さは、元気という利子を循環再生するための投資、ですか。

では、モノの中で自然物と並ぶ資本である「人工物」には、どんな利子がつきますか？

**藻谷**　家や建物、車や交通手段、機械・工具、各種資材など、人はいろんな人工物に投資します。でも人工物は「償却資産」でして、使うにつれ、また時間が経つにつれ、どんどん価値が下がるものです。例外は、ビンテージ（経年価値）という利子が得られるものですね。

戦後日本は、古きよき町並み景観や借景などをぶち壊してきましたが、いまになって、景観が遺された場所にはビンテージがつくようになってきました。お金に換算した不動産価値も高くなりますが、そこに暮らす住人が誇りを持つようになる、というのも利子なのです。

新築の不動産以上に、リノベーションされた物件が魅力的に感じられることも増えてきました。先生がお住まいの鎌倉にも、投資で循環再生を繰り返してきた家並みがありますね。営々とした住民の努力で、凜《りん》とした空間が維持されています。入館料が取れるだけではなく、人々に歴史・文化に触れる喜びを提供している、それも利子の一つでしょう。

**養老**　鎌倉はあまりお金に執着していないかもしれません。鎌倉幕府が開かれた時代から、ずっとお金がない。遺跡を掘ったって、金目のものは一切出ないんですよ。この間も隣に住んでいる友だちが家を建て替えるというので遺跡の調査が行われて、彼が出てきたものを逐一報告してくれましてね。でも結局、下駄の片方と馬の骨が出ただけでした。

**藻谷**　下駄と馬ですか。移動の実用に使うものは出ても、贅沢品は出なかった。

**養老**　そう、馬の骨は海岸にもよく落ちてました。子どもの頃、よく拾いましたよ。昔朝鮮から輸入されたと思《おぼ》しき青磁のかけらとか。鎌倉幕府の歴史というのは貧乏の歴史ですね。鎌倉に住んでいると、貧乏なところだと、しみじみ思います。

そうそう、松下禅尼《ぜんに》（鎌倉幕府の第四代執権・北条経時、五代執権・北条時頼の母）というケチで有名な人もいました。『徒然草』に「自ら障子の切り貼りをやってみせ、時頼に倹約の心を伝えた」といった逸話があってね。後年、質実剛健とか何とか称えられていますが、ようするにお金がなかったんですよ。

**藻谷**　お金を稼ごうとせず、禅寺くらいしか残さなかった鎌倉幕府というのは、歴史的に見ても特異な存在ですね。しかも栄耀栄華を極めた平家に続く政権でありながら。

**養老**　能の「鉢木《はちのき》」もそうです。北条時頼が諸国行脚の途中、上州・佐野で大雪に見舞われて、佐野源左衛門常世《げんざえもんつねよ》といういまは落ちぶれた武士に一夜の宿を求めた。そのとき源左衛門は自慢の梅・松・桜の見事な鉢の木を焚《た》いてもてなした。そんな話ですが、若い人は知りませんね。栃木に行ったときに佐野を通りましたが……。

**藻谷**　二十数年前、北条時宗の大河ドラマに「鉢木」のエピソードが出てきたことを覚えていますが、もはや国民の常識ではないのでしょうね。でも埼玉から北の関東には、いまも質実剛健な気風が残っていて、政治行政も無駄遣いは控える傾向があって、私は好きです。

――鎌倉幕府はお金を生み出さなかったけれど、鎌倉幕府に始まる時の権力者の下で紡がれた歴史・文化が利子を生んでいるということですね。「情報」についてはどうですか？

**藻谷**　情報には情報という利子がつきます。投資として、誰かに価値のある情報を自分から出すようにすれば、自分にとって価値のある情報が利子として帰ってきます。ネット時代になるほど、現場に出向き、五感を駆使して得た〝生の情報〟の重要性は増していますから。

**養老**　いまは五感を駆使して情報を得ることよりも、すでにある情報を扱う「情報処理」に熱心な人が増えている時代ですね。だからこそ、藻谷さんのおっしゃる通り、現場から収集された一次情報の価値が上がっています。

私が行っていた解剖は、まさに死体から一次情報を得る情報化の作業でした。なかなか大変で、やりたがる人は少ない。虫捕りも、五感で得る情報化です。こうした情報化の作業を避けるようになれば、人間特有の感覚はますます失われていきますよ。

**藻谷**　私のところにもいろんなメルマガが来ますが、深い思索の結果を書いたものや、現場での実践の結果を教えてくれるものに混じって、単にネットサーフィンで集めた文字と画像を整理しただけのものも目立ちます。こういうものの筆者はまるで、ネット情報を自動的に収集する人工知能と競争しているみたいなのですが、勝てるわけもないし、そもそもそんな情報には価値がない。でもいまのデスクワーカーや学者には、何十年もひたすら、結局チャットＧＰＴやＢｉｎｇで代替できる作業の練習ばかりしてきた人が多いのかもしれません。

## 資本で唯一、利子がつかないのは「カネ」

――あとは「カネ」という資本ですが、お金ですから、当然、預けたり、運用したりすることで、金利という利子がつきますね？

**藻谷**　30年前まではそうでした。ですがゼロ金利の社会になったことで、日本ではカネは資本ではなくなってしまいました。これに気づかないのは、資本主義者としては失格ですね。

もちろん株価が上がって、株式投資をしている人が儲かるとか、円安の局面でドルを持っていると儲かった気になる、といったことはあります。でもこれは、「誰かが儲かった分、誰かが損をしている」ことでしかありません。あるいはある時期儲かったと思ったら、ある時期は損をする、というふうに利益が上げ下げを繰り返すだけです。つまり起きているのはカネのゼロサムでの奪い合いであって、誰かが利子を得る構造にはなっていません。

養老先生も、「自分で何もせずに、ただ預けっぱなしにしているだけで、どんどん利子がついていて、元金が膨れていく、という考え方自体がおかしい」とおっしゃっておられましたね？

**養老**　はい。お金というのは現実的なもののようでいて、そうではない。私はよく「都市化とともに、人間は自然からどんどん離れ、現代は意識が肥大化した『脳化社会』になってしまった」と言うんですが、お金も都市と同じで、脳が生み出したものの代表でしょう。どんなに大金を持っていても、それは使う権利を持っているということに過ぎません。

あと、お金は政府が自在に印刷できます。かつての金《きん》の兌換《だかん》券という性質が失われ、現物との関係が切れて、完全に信用経済になっている。そこが実体経済の大きな穴ですね。

**藻谷**　お金は本来、人が生きていくのに必要なエネルギーを表象するもので、使えるエネルギーの総量を上回る額を出せばインフレになる（貨幣価値のほうが下がる）ものでした。ですがいまでは「みんながその価値を信用する限り、幾らでも量を増やせる」という話が広まっています。これも結局、何かのきっかけでみんながその価値を信用しなくなれば元に戻る話で、つまりは利子が付いているのではなく、資本をゼロサムで奪い合っているのです。

日本で昔、高い利子がついたのは、ヒト・モノ・情報の開発がまだ進んでおらず、そこにカネを投じればどんどん新たなエネルギーを獲得することができたからです。ところがいまでは人口が減り始め、エネルギーの需要の総量のほうが増えなくなってしまった。人が減っても機械やコンピュータで生産はできるのですが、人が減って需要が飽和しているために、生産したモノや情報が売れない。金持ちの懐《ふところ》の中に、お金は溢れかえっていますが、それを借りて投資する人がいない状態です。ですから利子も付きません。

経済学は旧式の学問で、常に生産のほうがボトルネックだった二十世紀までに発展したものですから、生産ではなく消費のほうが足りないといういまの日本の状況を説明できません。「生産性を上げれば経済は成長する」といいますが、それでは万事が能率のいい日本がどうして成長しないのか。人口減少と生産自動化の組み合わせの結果、生産ではなく需要が成長の足かせとなっているからです。「生産性」は「消費性」と言い換えたほうがいいのです。

そんな日本で重要な資本はヒトでして、カネではありません。二〇二二年元日時点での、日本在住の乳幼児（〇歳～四歳）の数は、外国籍含め四五〇万人。一九七五年には一〇〇〇万人いましたから、五五％減です。いまの乳幼児の減少は数十年後の現役世代の減少なので、いかに日本が急速にヒトという資本を失いつつあることか。でも他方で食料や資源の自給率は上げていけますけどね。

――里山資本主義は、お金を重視しない主義ということでしょうか?

**藻谷**　いえいえ、お金は交換手段としてはとても大事です。お金がなければ、必要なものを必要なだけ調達できません。ですが、「いつか使う」と言いながら結局死ぬまで貯め込み続けるのはナンセンス。お金は使って社会に循環させるべきなのです。

金融論を勉強した人は、「お金は使わずとも、投資すれば社会に循環する」と言い出します。確かに、米国のように個人消費が非常に旺盛な社会であれば、投資先が豊富ですし、投資で儲けた人も死ぬまでにはそのお金を使ってしまおうとするので、結局カネが社会に循環します。ですが日本は個人消費が不活発で、死ぬまで使わずに貯め込もうとする人が多い結果、投資に金利が付かない、つまり値段の上下で儲ける投機しかできない経済になってしまっているわけですね。ですから米国発の金融論は、いまの日本ではただの絵空事になってしまっています。

以上を要約しますと、里山資本主義は人的資本（ヒト）・自然資本（自然物）・物的資本（人工物）・金融資本（カネ）・知的資本（情報）の五つを、一方的に増やすのではなく循環再生させ、人間が暮らしていくのに必要なものを利子として得る、そういう主義です。お金を介した等価交換も使いますが、自給、物々交換、そして前に触れた恩送りなども重視します。

マネー資本主義に慣れ切った人から見ると、「お金という等価交換するのに便利なツールがあるのだから、自給、物々交換、恩送りなんて効率が悪すぎる」と感じるかもしれません。けれどもこれが、意外と悪くない。金銭収入の減る老後ほど、何かを自給して、余った分を人にあげ、かわりに何かをもらう。そういう原理が非常によく機能します。

**養老**　私も野菜とか、よくもらってます。

**藻谷**　食べ切れないくらいでしょう？　余った分、どうされますか？

**養老**　近所に配ってます。

**藻谷**　そういうご近所づきあいができるのも、ベースに自給されている部分があるからです。田畑や山林のない都会では、そこが難しいので、高齢者の生活保護にかかる費用が膨れ上がっています。近所づきあいも生まれにくいので、治安にも不安を覚える人が多い。

**養老**　身の安全を守ることも、経済的に困らないようにすることも、病気や介護の問題も、都会では全部「保険」に変えたんですよ。要するにお金で解決するという。お金でシステムをつくったのです。

**藻谷**　なるほど。コミュニティの欠如をお金で何とかしようというわけですね。でもあらゆる不安を金銭で埋めるのは難しい。とくに非常時には、金銭を超えたつながりが大事でしょう。

何だか、「虫が減ったので、作物の受粉を促すために、花粉を媒介する人工虫を放しましょう」というような話と似ている感じがします。虫がやっていたのは受粉だけなのか。全体を考えず、わかっている部分だけを人工的に代替しても、いろいろ落とし穴があるでしょうね。

## 高齢者数の増加が止まるのは過疎地から

──里山資本主義は高齢者問題とも絡むところです。都市では現状、たとえば介護施設が不足するなどして、高齢者にとって暮らしにくい環境になっていくと言われています。

**藻谷**　田舎のほうがたいへんだと思い込む人が多いのは困ったものです。おそらく「高齢者の数を総人口で割ったいわゆる『高齢化率』が高いほうが深刻だ」と聞かされているのでしょう。ですが介護や医療、年金などの需要量は、七十歳以上の絶対数に連動するもので、高齢化率には連動しません。これがわからない人は、分数と整数の違いが理解できていないのです。

七十歳以上人口は、高度成長期に若者が流れ込んだ大都市で急増しています。一七〜二二年の最近五年間の住民票の数（外国籍含む）で見れば、東京都心二三区の七十歳以上人口は一三％の増加。大阪市が一四％、福岡市が二四％と、都会、それも発展が遅め

## 図3-1　減る15～44歳/増える70歳以上

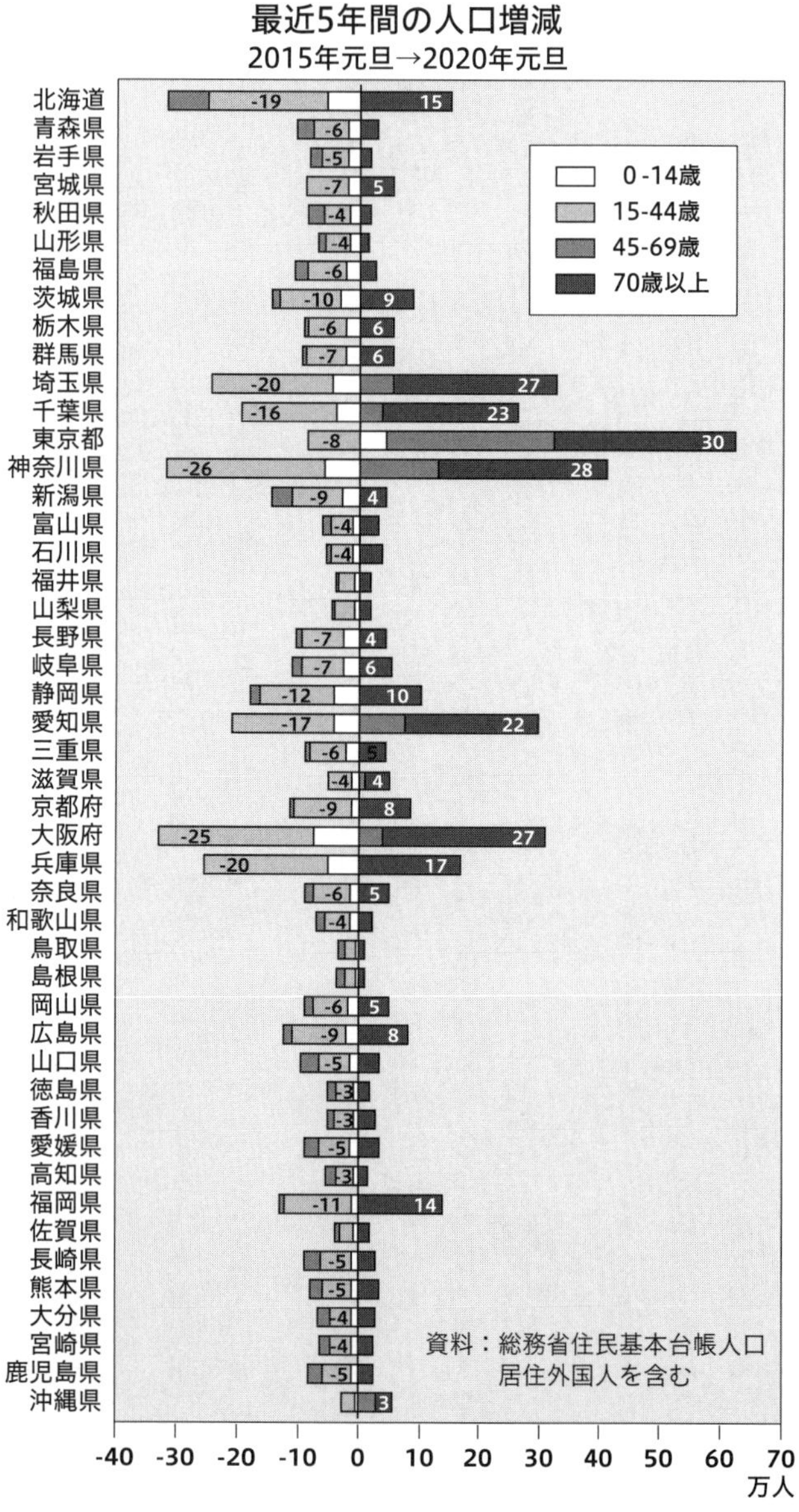

最近5年間の人口増減
2015年元旦→2020年元旦
0-14歳
15-44歳
45-69歳
70歳以上
北海道 -19 15
青森県 -6
岩手県 -5
宮城県 -7 5
秋田県 -4
山形県 -4
福島県 -6
茨城県 -10 9
栃木県 -6 6
群馬県 -7 6
埼玉県 -20 27
千葉県 -16 23
東京都 -8 30
神奈川県 -26 28
新潟県 -9 4
富山県 -4
石川県 -4
福井県
山梨県
長野県 -7 4
岐阜県 -7 6
静岡県 -12 10
愛知県 -17 22
三重県 -6 5
滋賀県 -4 4
京都府 -9 8
大阪府 -25 27
兵庫県 -20 17
奈良県 -6 5
和歌山県 -4
鳥取県
島根県
岡山県 -6 5
広島県 -9 8
山口県 -5
徳島県 -3
香川県 -3
愛媛県 -5
高知県 -3
福岡県 -11 14
佐賀県
長崎県 -5
熊本県 -5
大分県 -4
宮崎県 -4
鹿児島県 -5
沖縄県 3
資料：総務省住民基本台帳人口
居住外国人を含む
-40 -30 -20 -10 0 10 20 30 40 50 60 70
万人

だった町ほど高齢者の増加がハイペースです。しかも都会は自給も恩送りも少ない分、このペースに合わせて医療福祉の供給を増やさねばならない。「高齢化率」ばかり見ている人には、見えていない現実です。

この高齢者の絶対数の急増は、世界共通の現象でもあります。以下は国際連合人口部が二〇二二年に出した中位推計の数字ですが、とくに極端なのは中国です。国共内戦終結後に生まれた世代が七十歳を超えたここ五年で、七十歳以上人口はなんと二八％も増えて一億人に達しました。それでもまだ増加の四合目くらいで、最終的には三億人を大きく超えます。アメリカ、インド、東南アジアも、いずれも七十歳以上の増加が二〇％弱とハイペースで、医療福祉の体制充実は難しそうです。とくに「総人口が中国を抜いた」と騒がれているインドは、七十歳以上人口の絶対数もやがて中国を抜きます。

そんな世界で、七十歳以上人口が減っているのが、日本の過疎農山漁村です。高度成長期に若者が出て行った分、もう〝年寄りのなり手〟も足りなくなっているからです。高齢化率が五割を超えると限界集落だとか、消滅するとか騒ぐ人は、まったく実態がわかっていません。高齢化率が幾ら上がろうとも、七十歳以上人口の絶対数が減れば、医

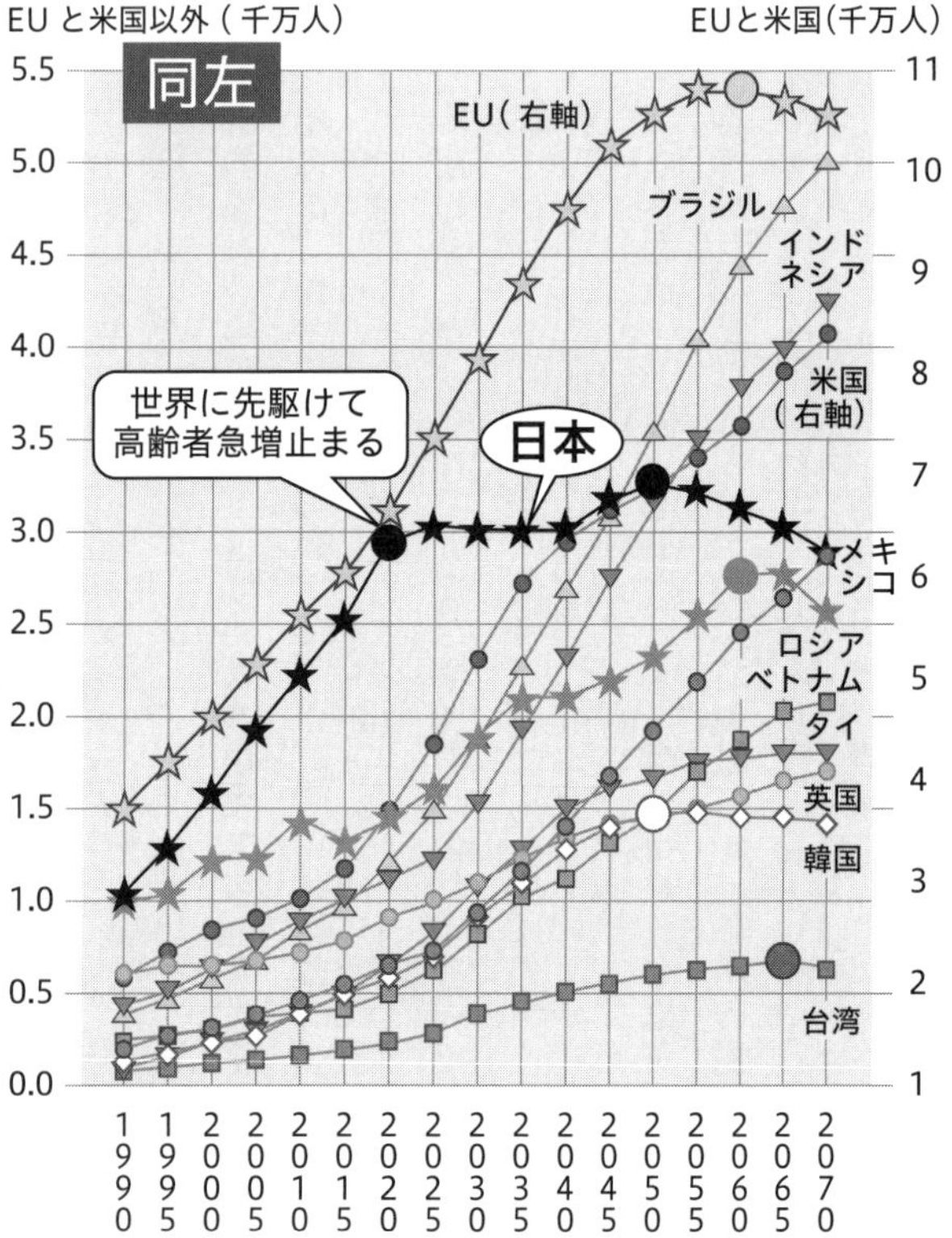
EU と米国以外 ( 千万人)
EUと米国(千万人)
同左
EU( 右軸)
ブラジル
インドネシア
米国 ( 右軸)
世界に先駆けて高齢者急増止まる
日本
メキシコ
ロシア
ベトナム
タイ
英国
韓国
台湾
5.5
5.0
4.5
4.0
3.5
3.0
2.5
2.0
1.5
1.0
0.5
0.0
11
10
9
8
7
6
5
4
3
2
1
1990
1995
2000
2005
2010
2015
2020
2025
2030
2035
2040
2045
2050
2055
2060
2065
2070

## 図3-2　世界中で70歳以上が急上昇

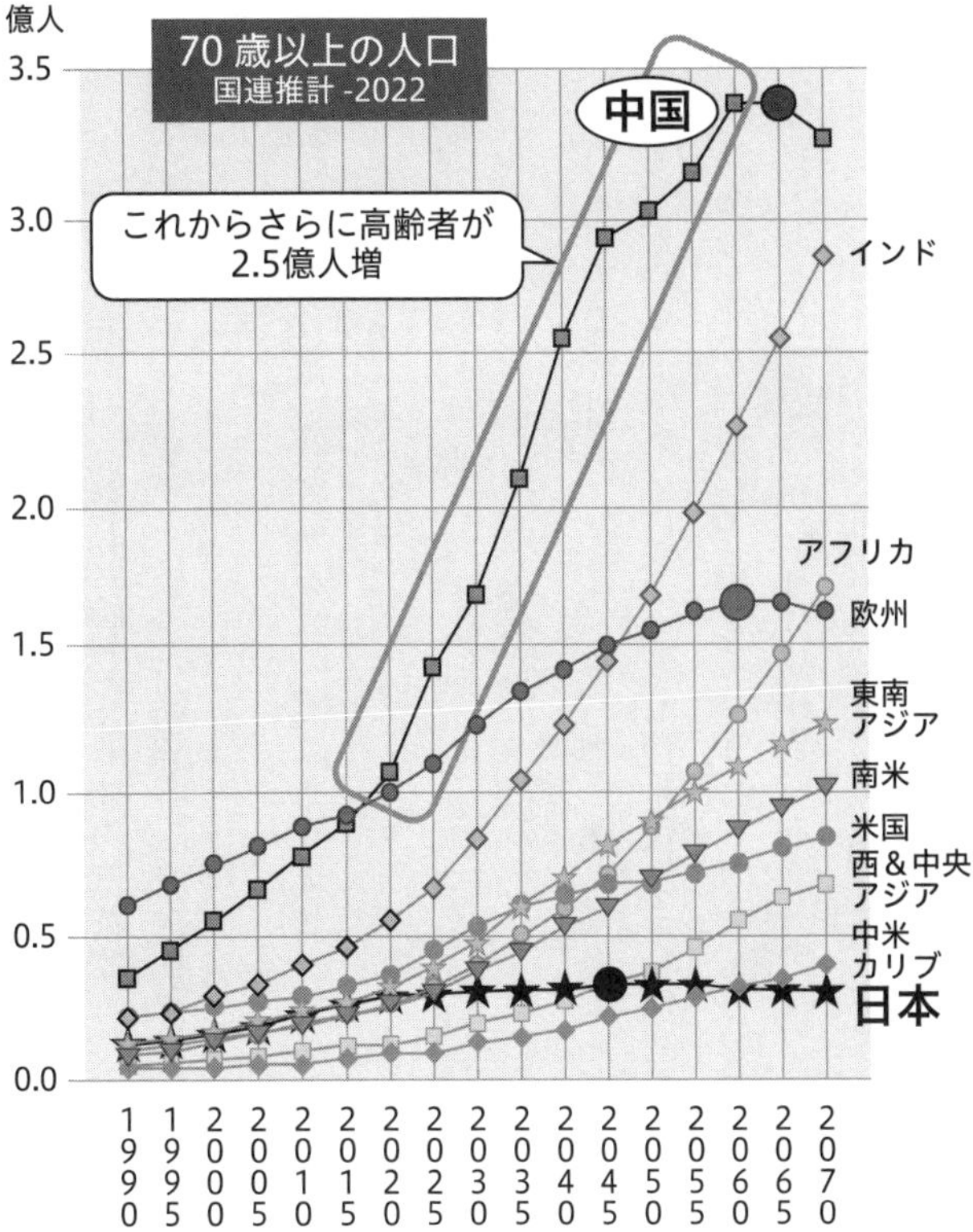

療福祉の需要は下がり始め、自治体の負担の絶対額も減ります。最近五年間で七十歳以上人口が減った過疎自治体は全国に一四〇近くありますが、そのうち六〇弱では逆に〇~四歳の乳幼児が増加しています。減った高齢者医療福祉費用を、子育て支援に回しているからです。

過疎農山漁村は「取り残されている」のではありません。都会より数歩先に行っているだけです。日本全体も世界より先に行っているのでして、七十歳以上人口はあと二十五年ほどで、世界に先駆けて減り始めます。しかも、急激な増加はもう終わりました。三十年前の一九九〇年に一〇〇〇万人程度だったのが、二〇二〇年には三倍の三〇〇〇万人程度にまで三倍に膨れ上がったのですけれども、これから二〇四〇年までは横ばい傾向が続きます。四〇年~五〇年に、一九七〇年代生まれの団塊ジュニア世代が七十歳を超える関係でもう三〇〇万人ほど増えますが、これを最後に減少が始まります。少子化が始まって百年近くたてば、高齢者も減り始める。当然のことです。

他方で中国では、七十歳以上人口が二〇二〇年の一億人から、二〇六五年には三億五〇〇〇万人近くにまで増えます。そこから減少に転じ、二〇七〇年を過ぎるとインドが中国を逆転します。何にせよ、二〇七〇年の七十歳は現在もう二十三歳ですので、この予測は外れません。

世界の中で見れば、日本の高齢化問題は諸外国より先に深刻化し、諸外国より先に解決に向かうこと、全国より先に高齢化した過疎地にこそ、対処のカギがあることがわかります。

## 人口一人当たりの生活保護費のデータを見ると……

**藻谷**　とはいえこれから当面は日本でも、都会の高齢者が大変です。過疎の県ではもう、団塊世代の退場とともに高齢者の数が減り始めますが、都会は団塊ジュニアを多く集めてしまったので、高齢者数の増加はまだ八合目です。あと二割の増加分は、医療介護の供給を積み増さなくてはならない。しかもこの現実を、誰よりも都会に住む人たちがわかっていない。高齢化でたいへんなのは地方なのだと思い込んでいる人の多さには、唖然《あぜん》とします。

――もっと危機感を持たなければいけませんね。

**藻谷**　しかも都会の高齢者ほど、老後の生活に必要なのは「お金」だけだと思い込んでいます。「自然資本」や「人的資本」に目が行かないのですね。

貯金のなくなった高齢者が最後に頼れるのは、生活保護制度です。それでは次の九つの地域のなかで、人口一人当たりの生活保護費がもっとも高いのはどこでしょう？　逆にもっとも低いのは？　これはつまり、高齢者が生活に困りやすいのはどこ？というクイズですね。

A東京都二三区平均　B北海道夕張市　C東京都千代田区　D東京都港区　E新潟市
F埼玉県秩父市　G群馬県沼田市　H新潟県佐渡市　I石川県珠洲《すず》市

Gの群馬県沼田市は、新潟県境に近い山間部の、真田氏の城下町です。Iの石川県珠洲市は、能登半島の先にある、本州では一番人口の少ない市です。二三年には地震もありました。

だいたいの人が「一番高いのはやっぱり夕張市でしょう。極端に高齢化していますし、財政破綻《はたん》してますからね」「一番安いのは千代田区か、港区か」と考えます。確かに、東京の都心に住んで生活保護を受けている人の数は、いるとしても少なそうですよね。

けれども事実はまったく逆。二〇一四年と少々古い数字ですが、この中で一番生活保護にお金のかかっているのは、東京都心二三区で、人口一人当たり五万三千円です。夕張市の四万八千円よりも高いのですから驚きです。足を引っ張っているのは台東区や足立区などの下町ですが、富裕層しか住んでいなさそうな千代田区でも三万五千円、港区が二万七千円で、新潟市の二万三千円より高いのです。新潟が貧しかった田中角栄の時代からは、隔世の感がありますね。

それでも新潟市は政令指定都市です。東京から新潟に行く間の山間部、たとえば埼玉県秩父市では一万七千円、群馬県沼田市では一万一千円。佐渡島まで渡れば一万円。奥能登の珠洲市での地震の話を聞いた都会の人は、「何でそんな不便な過疎地にまだ人が住んでいるのか」と思ったかもしれませんが、珠洲市の人口当たり生活保護費は一万円未満でして、つまるところたいへん暮らしやすいのです。山林や田畑、海という資本から、水・食料・燃料という利子が取れ、それが物々交換や恩送りで回ってくる社会構造になっている。

「地方では里山資本主義が成り立っている」ともいえるわけですが、「都会では里山資本主義が破壊されてしまった」と表現したほうが、より実態に即しているでしょうね。

東京の区財政は豊かですから、生活保護が出やすいというような事情はありましょう。ですが、その辺の事情を差し引いても、「過疎地よりも都会の高齢者のほうが生活に困るリスクが高い」という事実は、揺らがないところです。

**養老**　鎌倉はどうですか？

**藻谷**　一万二千円なので、東京都心の五分の一、川崎市の四分の一、横浜市の三分の一、西隣の藤沢市の半分、東隣の逗子《ずし》市よりも少しだけ下ですね。この数字は都会から離れるに従ってグラデーションを描くように下がっていく傾向があるんですが、それにしても鎌倉の数字は優秀です。都市文化として、近所付き合いが残っているからでしょう。

## 表3-1　住民1人当たりの生活保護費

2014年　http://area-info.jpn.org/SehoPerPop.html

| | | |
|---|---|---|
| 1 | 東京都心23区平均 | 52,800円 |
| 2 | 北海道夕張市 | 48,200円 |
| 3 | 東京都千代田区 | 35,100円 |
| 4 | 東京都港区 | 26,800円 |
| 5 | 新潟市 | 23,000円 |
| 6 | 埼玉県秩父市 | 16,800円 |
| 7 | 群馬県沼田市 | 11,200円 |
| 8 | 新潟県佐渡市 | 10,200円 |
| 9 | 石川県珠洲市 | 9,400円 |

お金以外の資本が豊富なので、生活に困りにくい

**養老**　都会の人間も田舎暮らしを経験すれば、藻谷先生がおっしゃっているような「自足」という言葉の意味がわかると思うのですが。

**藻谷**　養老先生の提唱されている「現代の参勤交代」ですね。

**養老**　そうです。都会の人間は一年のうちの一定期間、田舎で暮らすよう、国から推奨してほしいとお願いしています。田舎暮らしには、都会のような便利さはないかもしれないけれど、不自由だからこそおもしろいことがたくさんあります。野山を歩き回ったり、畑作業をしたりして体を動かせば、脳もリラックスします。

実は知り合いが栃木市で農業法人をやっていましてね。そこへ年中、若い人が来るんです。給料なんか一切、払っていないのに、喜んで農作業を手伝っています。あと登校拒否の子どもを預かって、学校に行かないかわりに、農作業を経験させてるんですよ。

その子どもたちがこの間うちに来たときに、「学校行くのと、栃木で農業をやるのと、どっちがいい?」って尋ねたら、「農業のほうがいい」と言ってました。もっともWHO(世界保健機関)に言わせると児童虐待かもしれませんが。

**藻谷** えっ、そうなんですか。

**養老** 給料も払わず子どもを働かせていると解釈するのでしょう。ブータンの人が怒ってました。子どもと一緒に農作業していたら、WHOの人が視察に来て、児童虐待と言われたと。でも農村だったら、子どもが作業を手伝うのは当たり前だと、私は思いますね。

**藻谷** そうですよね。いまお話に出た栃木では、県内で一番生活保護費がかかっているのは宇都宮市で、二万九千円。東京都心二三区平均の半分くらいですね。これが栃木市になると一万七千円ですが、それでも県内で二番目に高いのです。新幹線駅のある那須塩原市や小山市でも一万六千円、佐野市が一万五千円台。東武鉄道で都心から一時間半ですが、豊かな農業地域であり、工業地域でもあるので、生活に困っている人は少ないですね。

都会の人は「そんな田舎に行くと、隣近所に干渉されたりして、人間関係が面倒くさい」とか「文化的な暮らしができない」などと言うかもしれませんが、それも勝手な思い込みです。過疎地の集落ならいざ知らず地方都市では、過干渉はありません。栃木県内なら毎日でも東京に出られるのですから、ふつうに文化的な暮らしだって楽しめます。いろんな理屈をつけて都会にしがみついているほうが、よほど生活苦に陥る危険があります。

――地方は都会よりも生活保護費がかからないとは、衝撃的でした。先ほど、物々交換の話が出ましたが、佐野辺りでも里山資本主義が機能しているということですか。

**藻谷**　そうです。農家ではなくても庭先で家庭菜園をしている人は多いですよね。それでも自分の家だけでは食べ切れない量の作物がとれますから、さっきの養老先生の話じゃないけど、隣近所に配るわけです。ものが獲《と》れすぎるところから、物々交換が始まります。

それと、養老先生の提唱する「参勤交代」でいえば、逆パターンもありですね。ふだんは田舎で暮らして、数カ月都会で仕事をするという方式です。田舎と都会、どちらに生活の軸足を置くかはどちらでもよくて、お金しか頼るものがないというマネー資本主義の呪縛から脱して、里山資本主義的なバックアップ手段を持っておくことが大事なのです。

**養老**　同感ですね。

**藻谷**　もう一つ、介護の問題も、地方より都会で深刻です。私事ですが、両親が浦安にあった家を売って、信州の高原の農村部に引っ越して二十年近くになります。少し前から歩けなくなってしまったんですが、通いの介護サービスの方々が、とても親切にお世話してくださっています。介護する側もご高齢で、いわゆる老々介護なのですが、地域には元気なお年寄りがたくさんいらして、彼らが半分はお金、半分は人情で、困っているお年寄りのために働いてくださる。元気なら高齢者も働くのが当たり前の、田舎ならではのありがたさです。

もちろん東京にも、元気なお年寄りはたくさんいらっしゃいます。ただリタイアしたサラリーマンや、その奥さんたちが果たして〝小金〟のために介護サービスの仕事をするでしょうか。他方で介護労働者の給与では、若い人が都会で家族や家を持つのは難しそうです。元気なお年寄りが介護のための労働力にならないままでは、高齢者があと四半世紀は増え続ける都会の介護の担い手不足は、どんどん深刻化していくでしょうね。

――ということは、都市部に暮らす高齢者が、今後は働く、もっと言えば自身が介護の担い手になることを考えるべきだと。

**藻谷**　そうです。都会の人は「お金を払えば、誰かがやってくれる」と思い込んでいますし、現役時代に偉い立場だった人ほど気位が高いでしょうから、簡単なことではないでしょう。でも都会人こそ、お金のためだけというよりも人間関係を再構築するために、元気なうちに、先に衰えた高齢者に恩送りしておくという意識を持ったほうがいいのではないでしょうか。それが嫌だとしても、市民農園を借りるなど、自然資本を活かす行動はしたほうがいい。

――高齢者に関わる諸問題については、都会は田舎に学ぶところが大だとよくわかりました。

## 日本は四十年で赤ちゃんがいなくなる⁉

――日本ではもう長らく、高齢化に加えて少子化の問題が深刻化しています。日本の乳幼児の数は現状、どうなっていますか？

**藻谷**　「少子高齢化」と言わずに、高齢化と少子化を分けてお聞きいただけるのは、素晴らしいことです！　高齢者が増えるのが高齢化で、乳幼児が減るのが少子化。いまの高齢化は七十年前に、少子化とは逆に新生児が多かったために起きているもので、いま少子化していようと多子化していようと進展は同じです。他方で日本の乳幼児の数は、七〇年代後半からもう半世紀近く、歯止めなく減っています。まったく別の問題であるこの二つを、少子高齢化と一括りにしてしまうと、問題点も対策もわからなくなってしまいます。

さて、高齢者の数の話のときと同じく、二〇一七～二二年の五年間に、〇～四歳の乳幼児の数がどう変化したかを、先ほどと同じ住民票の数字（外国籍含む）で見てみましょう。

全国の数字は一三％の減少。若者が集まることで親世代の数の多い東京都心二三区でも八％の減少です。大阪市はマイナス九％、福岡市はマイナス八％。沖縄県は子だくさんと思っている方もおられましょうが、そういうイメージは得てして古いものでして、実際にはマイナス九％。すべての都道府県と、すべての都道府県庁所在地や政令市（政令で指定する人口五〇万人以上の市）で、乳幼児は減少しています。ちなみに、一年で一三万人減といういまのペースが続けば、日本の乳幼児は今後四十年間でゼロになってしまいます。コロナの影響があったにせよ、実に深刻な状態です。

このようなことになっている大きな原因が、出生率が一に近い、つまり大人二人に対し子どもが一人しか生まれない東京都などの都会に、若者を集中させてきたことです。

とはいえ、出生率という「率」にも、高齢化率同様に要注意です。そもそも乳幼児の絶対数の減るのが少子化で、出生率の低下はその要因の一つにすぎません。もう一つの要因は親世代の減少でして、これは二十～四十年前の少子化の結果です。少子化は半世紀近く続いてきたので、これから出生率が少々向上しようとも、親世代の減少が打ち消してしまいますね。

## 全世界の昆虫は二〇三〇年までの四十年で八〜九割減った

**養老**　ぞっとする数字ですね。「四十年」で思い出しましたが、全世界の昆虫が一九九〇〜二〇三〇年までの四十年で、八〜九割減ったと言われています。

**藻谷**　そんなことになっているのですか。日本で少子化が危機的に進んでいることは少しは知られていますが、虫がそんなに減っていることは、誰も口にしませんね。

**養老**　考えたくないのでしょう。でも高速道路をよく走る人は、知っているはずですよ。十年以上前は虫がたくさんぶつかって、フロントガラスが汚れましたから。

**藻谷**　そういえば、洗浄液を出してワイパーをかけても取れないような状況でした。

**養老**　そうでしょう？　東海道新幹線も窓にぶつかった虫で前が見えなくなるから、掃除がすごく大変だったといいます。

**藻谷**　確かに最近は、山の中を走ってもぜんぜん虫がぶつかってきませんね。

**養老**　はい。開発行為のない、ドイツの自然保護区域ですら、虫が減っているそうです。見えないところで、生き物が減っているんですよ。人間の出生数が減っていることにも、何か共通する要因があるのではないかと、私、ちょっと疑ってます。すみません、横道にそれました。

**藻谷**　いえいえ、いまのお話、横道とは思えません。人間も生き物ですから、虫にそこまでの影響を与えている何かが、同じように人間に影響しているというのは、大いにありそうです。目に見えるような環境破壊で減少しているというのならともかく、ドイツの自然保護区域でも減っているというのですから、人間活動の結果として生まれた化学物質か何かが、影響しているのかもしれません。

それにしても虫は、たとえば花を受粉させたりといった役割を果たしているわけですから、そんなに減ればただでは済まないはず。すでに植物の生育にも影響が出ているのでしょうか。

**養老**　それはまだ調べられていません。

**藻谷**　ゆっくり影響が出てくるのでしょうか。虫がいなくなることは、ほかの動物の餌がなくなることでもありますね。

**養老**　おそらく次に、鳥が減るでしょう。ツバメなんて、口をあけて飛んでいれば、虫が飛び込んできますが、それがもう難しくなっています。

**藻谷**　言われてみると、ツバメの巣を見かける頻度が減っているような……？

**養老**　私もそう感じています。鳥はけっこう毛虫をとるんです。一日に千の桁の単位で。もちろん虫はふつうに千匹くらい産むのですが、それが減っているというのは異常事態ですね。

**藻谷**　それほど虫が減ると、本来なら虫に食べられてしまう草が、やたらに繁茂するようなことがあるのでは？　それで生態系のバランスが崩れる可能性もありますね。

**養老**　はい、可能性はもちろんあります。実際、妙な生き物が増えています。たとえば鹿がそうです。とくに西日本では、鹿が増えたことで、植生がかなりやられています。

**藻谷**　草が虫に食べられない分、背丈を伸ばして、それを鹿がたくさん食べるんですね。そうなると繁茂した草もやがて鹿に食い荒らされて、はげ山やがけ崩れが増えますね。

**養老**　少子化だって、世界的な現象でしょう？

**藻谷**　そうです。さっきと同じ国際連合人口部の中位推計（移民などの外国籍の人の数を含む）で、二〇一七〜二二年の五年間の乳幼児人口の増減を見ると、中国がマイナス二六％、韓国がマイナス二七％と、日本の二倍のとんでもないペースで少子化が進んでいます。台湾や欧州はマイナス一一％。ロシアはマイナス二〇％で、戦争をしている場合とは思えません。

日本人は移民に幻想があるのか、米国は少子化していないと思っている人が多いのですが、実際にはマイナス六％。それどころか、人口で世界一になったインドもマイナス五％。日本に研修生という名の労働力を出してきた東南アジアもマイナス三％で、「何処も同じ秋の夕暮れ」といった感じです。中南米でも少子化は始まっており、増えているのはもはや中近東とアフリカだけなのです。ですがこの両地域に限って、淡水や農地が十分にはなく、人口急増が新たな争乱のタネになりそうです。

## 少子化を「しょうがない」で片付けてはいけない

――少子化の流れに歯止めをかけると言いますか、何らかの政策がうまくいって、乳幼児人口が増えている地域というのはないんですか?

**藻谷**　そもそも人類のDNAは、過去十万年間ほとんど変わっていないのですから、人間も本性では増えるのが自然です。子どもが減ったのは、ごく最近始まった後天的な何かに影響されているわけです。その後天的な要因を取り除いて自然に戻せば、子どもは増えます。

先ほどもちらっとご紹介しましたが、七十歳以上人口が減少に転じている全国の一四〇弱の過疎市町村のうち六〇ほどで、逆に乳幼児の数が増え始めています。高齢者関係の経費の減少を、UIターン促進と子育て支援に向けた結果です。都会にも、市の政策でがんばっている例はあります。関東では千葉県流山《ながれやま》市、関西では兵庫県明石市、九州では福岡県福津市などですね。ただしこれらは、日本全体から見ると「大河の一滴」

です。

本当は、これだけ子どもの人口が減っているからこそ、子ども一人当たりに使える税金は増えているはずなのです。ところが国は、出生率のまだしも高い地方から低い都会へと、若者を一方的に流れ込ませるような教育システムを堅持し、過疎地から順に学校を統廃合するなど、少子化を歳出削減のネタに使ってしまっています。そのことが、将来の納税者をどんどん減らしているというのに。そもそもどんな高齢者でも介護費や医療費の多くを保険で払ってもらえるこの国で、どうして学校の教材費や給食費が有償のままなのでしょうか。

私は二〇一〇年に出した新書『デフレの正体』の中で、多年の少子化が現役世代を減少させ、需要不足を生んで経済を停滞させているということを指摘しました。しかるに、経済学者を名乗る者の多くが、「人口が減っても生産性さえ上げられればＧＤＰは増やせる」などと、空論を言い続けています。その本の第七講で書いた通り、ＧＤＰの主要部分は人件費なので、人口減少で労働者の数が減れば、計算上の生産性は上昇しても、ＧＤＰは下がってしまうのですが。

まあお金の話はよしとしましょう。ですが少子化は、経済問題である以前に人権問題なのです。世の中には子どもが欲しい人もいれば欲しくない人もいるし、欲しいけれど産めない人、欲しくないのに産んでしまう人もいる。それで平均して大人二人に子ども二人が生まれるように、DNAが出来上がっているのです。それが大人二人に子ども一人しか生まれなくなってきているとすれば、本当は子どもが欲しい人の相当数が、いろんな事情から産むのをあきらめているということ。つまり人権が損なわれているわけです。少子化を経済問題だとか国力の問題だとかにする前に、まずは人権の問題だと捉えてほしいものです。

## 環境の変化と少子化

**藻谷**　というようには申して来たのですが、少子化の原因が社会の構造変化以外の、虫の世界にまで共通する何かであるとすれば、話は簡単には行きません。養老先生、少子化の根底には、虫の減少と共通の原因として、農薬の問題があるのではないでしょうか。

**養老**　かなりあるでしょう。地下水に棲む昆虫がいて、その生息状況を調べている連中がいるんです。彼らによると、地下水まで汚染されて、かなり減っているそうです。

**藻谷**　これは、日・中・韓で乳幼児人口が激減していることとも関係ありそうですね。この三国は世界のなかでも農薬の規制が甘かったと言われています。認可されている農薬は「生命に危険のないもの」ばかりだというのですが、これは基準としていかがなものか。スギ花粉も、あるいは過敏症を起こす多くの化学物質も、生命に危険はありませんが、身体には負の影響を与えます。タバコにしても、肺がんなどよりも煙によるアレルギーのほうがよほど深刻な問題だったのです。農薬にしても、命に別状はなくとも、精子が減るとか、生殖意欲が衰えるとか、影響がないとは言い切れませんよね。

**養老**　環境については、見えるところは保護していますが、土の中とか、見えないところはまったくわからないですね。たとえば菌類はどのくらいいなくなったのか。水中で言うと、プランクトンもそう。ミジンコがいなくなったのは、農薬でしょうね。そのせいで水生の昆虫や小さな魚の餌がなくなったわけです。

**藻谷**　そうですか。いま、魚が全国的に獲れなくて、原因は海流が変化したことだと言われています。でも実はもっとシンプルな問題で、ミジンコやプランクトンが減ったことが影響している、ということかもしれないわけですね。

**養老**　それは大きいと思いますね。

**藻谷**　いや、腑に落ちました。

――環境の変化が少子化にも関連があるということですか？

**養老**　私はあると思います。減っているのは虫だけではないよ、という話です。

**藻谷**　ただ数十年で起きた変化は、数十年で戻すことが本当はできるはずです。とりわけ虫や魚は出産数が桁違いに大きいので、一気に減っても、環境を損なっていた物質が消えると、ウソみたいに増えていくのではありませんか？

**養老**　はい、急激に増えていきます。

**藻谷**　人間だと、そこまで簡単ではないところが厄介です。子どもが半世紀かけて減ってきましたが、それに二十年遅れで今度は親世代の数が減っていくので、どんなにがんばっても乳幼児の数をこれから半世紀で元に戻すのは難しい。いや戻すのはそもそも無理で、半減の状態で止めることもほぼ難しくなっています。ですがどこかの時点で減少を食い止めて、均衡させないと、ただでさえ半減が確定した日本の人口は、さらに歯止めなく減り続ける。

**養老**　私もそう思います。

**藻谷**　ですがまずは、養老先生がおっしゃるような、環境を変化させている要因を取り除きながら、数十年かけて出生率だけでも二に戻していくところがスタートでしょう。

## 「疑わしきは罰する」の精神で

**養老**　いまの常識を変えてもらわないと、改善は難しい。いまの人はちゃんとした根拠を要求しますから。たとえばいまの「虫が減っているのは農薬のせいだ」ということを証明しようとすると、とんでもなく手間と費用がかかります。そういう実証的な考え方で世界を運営していくのはやめたほうがいいんじゃないか。私はそう思い始めています。

**藻谷**　学問が実証するまで待つという旧来のやり方をしていると、事態の変化のほうが早過ぎる。実証されたときには、もうすでに手遅れになるという。

**養老**　そうなんです。だから疑わしきは罰する、というふうにしていかないと。

**藻谷**　水俣《みなまた》病を思い出しました。工場廃液による有機水銀汚染と神経疾患の間に、まだ疫学的な因果関係があるとは証明されない前に、排水浄化などの措置が講じられました。それでも遅きに失した感は否めませんが、実証を待っていたら、際限なく患者が増えていたでしょう。

**養老**　サリドマイドもそうでした。製薬会社はああいう障害が起こることが、学理的に証明されていないと主張しました。どこかで実証的な考え方を無視しないといけません。

**藻谷**　実際問題、そういった公害問題も含めて、社会問題への対応に際しては「証明」と「反証」を使い分けることが必要でしょう。重要なのは証明よりも反証です。たとえば多くの人が「東京は栄える」「地方は消滅する」と思い込んでいますが、実際には東京都で増えているのは七十歳以上人口だけで、乳幼児の数も、十五～四十四歳の若者の数も減っています。こういう数字が反証でして、何か語る際には簡単に見つかる反証がないか確認し、そして反証のあることは軽々《けいけい》に口にしないという態度を、皆が身につけなくてはなりません。水俣病の場合には、「排水規制をしたら新規の患者が発生しなくなった」ということが、「水銀は水俣病の原因だとは証明されていない」という主張に対する、何よりの反証でした。

## 墜落する飛行機の中で受け身を取る

――最後に、エネルギーの今後について、お考えをお聞かせください。

**藻谷**　まず、日本の可住地人口密度、つまり人口を、山林や湖沼などを除いた面積で割った数字を見ていただきたい。東京が一平方km当たり一万人弱で、神奈川と大阪はその三分の二。埼玉や千葉、福岡などが東京の三分の一くらいです。

それに対して、地方の県の可住地人口密度は東京の一〇～二〇分の一くらいですね。一番密度の低い北海道は、ざっくり四〇分の一しかありません。

でも実は日本の地方も、世界的にはたいへんな高密度居住地域なのです。都市国家を除いた欧州で最も密度の高いオランダが、日本では過疎県の代表のように言われる島根県と同水準。日本でビリから二番目と三番目の秋田県と岩手県が、欧州で人口最大のドイツと同水準です。北海道ですら、中国と比べて三割、ロンドン含むイギリスと比べれば六割近くも高密度なんですよ。米国との比較では四倍です。ですから、そんな日本に住む日本人の、「人が多い」「人が少ない」という感覚は、世界の標準から激しくずれてしまっています。

日本には、可住地人口密度の異常に高い都会しか生き残れないと信じている人が多いのですが、実際には逆でしょう。都会は余りに人口密度が高くて、その分だけ自然資本が乏しすぎます。食料を自給できないことに加えて、人口当たりの太陽エネルギーや風力、流水量も少ない。ですから輸入化石燃料の価格が長期的に値上がりしていく中で、どんどん苦境に追い込まれます。

他方で一戸建てがほとんどの田舎では、ソーラーと蓄電池を自分の家に備えれば、輸入エネルギーにほとんど頼らずに済む生活が可能になりつつあります。最近も福岡市の

# 図3-3　可住地人口密度の比較

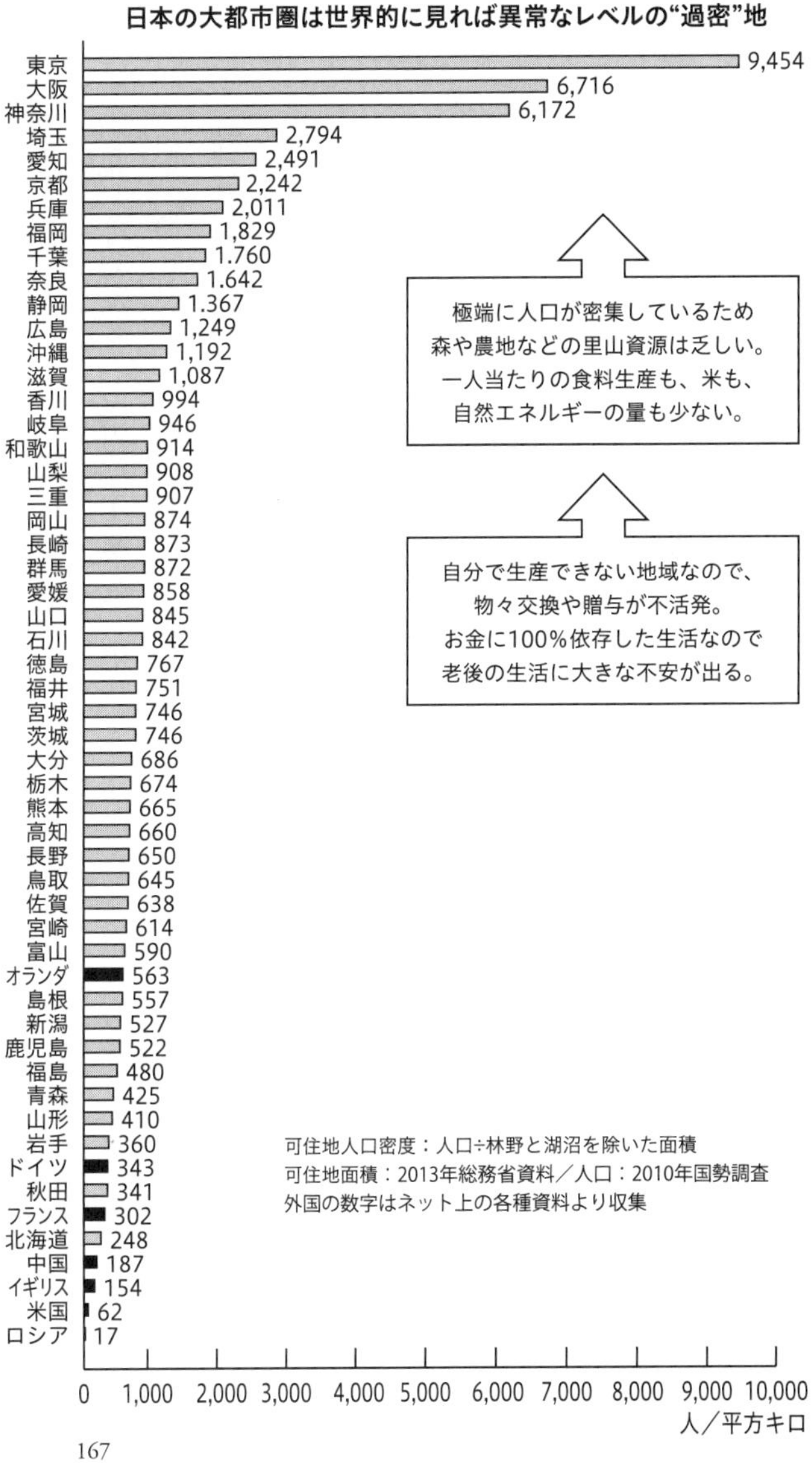

可住地人口密度：人口÷林野と湖沼を除いた面積
可住地面積：2013年総務省資料／人口：2010年国勢調査
外国の数字はネット上の各種資料より収集

郊外で、電気代・ガソリン代を以前より九七％も減らしたご家庭を訪問しました。

太陽光だけでなく、風力、小水力、木質バイオマス（木の燃料としての利用）などについても、世界中で急速に技術革新が進んでいます。日本では「原子力発電がなくては社会は持続しない」という言説が振りまかれていますが、これら再生可能エネルギーは、日本以外の多くの地域で、原子力よりはるかに低い価格で供給され始めています。人口が過度に密ではない里山に住むほど、エネルギーにも不自由せずに暮らせる時代が到来しつつあるのです。

輸入化石燃料に頼る時代には、都会に高密度に集中することが、エネルギー利用効率をもっとも高める策でした。しかしこれからの時代は、人口密度の低い田舎で、エネルギーも食料も〝部分自給〟する生活が有利です。日本人の住まい方も変わっていくことでしょう。

**養老**　それで思い出しました。私、ときどき虫を捕りにラオスの小さな村に行くんですが、バケツくらいの大きさの水力発電をやってました。テレビがついたとかって喜んでましたよ。

**藻谷**　ほお、バケツくらいの……できるんですね。

**養老**　ええ、本当に小さな小川なんです。その同じ川で子どもたちがカエルをつかまえて、晩ご飯に食べるんだ、なんてはしゃいでて。理想的な生活ですよね。

**藻谷**　本当にそうです。これからの時代、コミュニティがちゃんと存続していくためには、もう規模の追求は不要でしょう。むしろ、都会への集中を極めたことで、日本はこれから、様々な危機を迎えるのではないでしょうか。

私はよく、「墜落する飛行機の中で、それでも受け身を取る」というたとえを使います。都会集中の日本が危機的状況に置かれている中、せめてもの受け身の姿勢を取ることが必要。そして、その受け身こそが里山資本主義なのではないでしょうか。

**養老**　同感です。小さな地域で自給自足に近い暮らしをしていくことが大切だと思いますね。

第四章

# 介護社会を明るく生きる

撮影：桙木 功

## 阿川佐和子×養老孟司

*AGAWA Sawako ／ YORO Takeshi*

**【阿川佐和子**　あがわ・さわこ**】**　エッセイスト、小説家。一九五三年東京都生まれ。慶應義塾大学文学部卒。報道番組のキャスターを務めた後に渡米。帰国後に発表した初の小説『ウメ子』（小学館文庫）で坪田譲治文学賞を受賞。『ああ言えばこう食う』（檀ふみとの共著、集英社文庫）で講談社エッセイ賞、『婚約のあとで』（新潮文庫）で島清恋愛文学賞を受賞。その他の著書に、ベストセラーとなった『聞く力——心をひらく35のヒント』（文春新書）、『看る力——アガワ流介護入門』（大塚宣夫との共著、文春新書）、母親の介護をテーマにした『ことことこーこ』（角川文庫）、『老人初心者の覚悟』（中公文庫）などがある。

## 八十代は、クリエイティブな世界を切り開いていった世代

――阿川さんはお父様（小説家の阿川弘之氏）の死を経験され、同じ時期にお母様の介護もされていらっしゃいました。お父様は九十代でお亡くなりになったそうですが。

**阿川**　そうですね、二〇一五年に九十四歳で亡くなりました。

**養老**　ということは、生まれ年は……。

**阿川**　一九二〇年、大正九年です。

**養老**　僕は昭和十二年生まれだから、年齢差は十七歳か。そう離れていないようですが、お父さんの世代と僕らの世代は明らかに違う。戦前、戦中と、暗黙裡《あんもくり》に常識とされていた考え方が、僕の世代ではすっぽり抜けている。僕は終戦時はまだ小学校二年生くらいでした。でも、「皇居に向かって最敬礼」といったことは当たり前に受け入れてました。前の世代ほど叩き込まれたわけではないけど。

**阿川**　養老先生よりあと五、六歳年長の人たちだと、戦時教育の影響が身に染みついて

いて、国に裏切られたという思いが強かったでしょうね。戦争から平和へ、軍国主義から民主主義へと、価値観がガラリと変わっちゃって。

**養老**　ただ子ども心にも、大人たちがいきなり「平和と民主主義」と言い出したことには、気持ちのどこかで「ウソつけ」と思いましたね。僕ら、「墨塗り教科書」の世代ですから。

――養老先生は国家主義や、戦意を高揚させるような教科書の記述に墨を塗らされた世代なんですね。

**養老**　昭和十二年というのは、支那事変（日中戦争）が始まった年なんですよ。それで若い人がたくさん戦争に動員されたために、出生数が減った。人口統計のグラフを見ると、僕らの世代の出生数（昭和十三年、十四年の出生数）はちょっと凹《へこ》んでます。

この年を境に戦争がどんどん拡大し、長期化していき、僕らは敗戦後すぐに始まった戦後教育を、ほぼ小学校入学と同時に受けることになる。ちょうど時代の境目に、人生をスタートさせた、とも言えます。年長の世代から見れば、〝新人類〟のようなものですよ。考え方も、感じ方も、価値観もまったく違う若者に成長したわけです。

**阿川**　私が接している八十代の人たちに対しては、クリエイティブな世界を切り開いていった世代、という印象が強いですね。いわゆる「戦後の負の遺産」を引きずらず、「これから新しいものをどんどんつくっていこうぜ！」と。

Ｇパンをはき始めたのも、最初にロックに接したのも、いまの八十代の人たちでしょう？　やがてイラストレーターとかコピーライターなど、すばらしいクリエイターが数多く生まれて、時代を牽引していきましたよね。

**養老**　イラストレーターだと、四年ほど前に亡くなった和田誠さんがいるし、宇野亞喜《うのあき》良《ら》さんや横尾忠則さんはいまも現役で活躍されているし、写真家だと……。

**阿川**　立木《たつき》義浩さん、篠山紀信《きしん》さん、とかね。

**養老**　みんな、同じ世代ですね。

**阿川**　おじいちゃんだけど、すごい人たちばっかり！　そうそう、こないだお会いした日野皓正《てるまさ》さんも八十歳でした。細いズボンをはいて、「八十を超えたって、まだまだ立派なトランペッターになんかなれやしないんだよ」なんておっしゃって。若手が上手に吹いていると、「どうやって吹くの？」と教えてもらうそうですよ。「えーっ！」って驚きました。そう言えばサクソフォン奏者のナベサダ（渡辺貞夫）さんだって、もう九十歳ですもんね。詩人の谷川俊太郎さんは九十一歳で。どんどん出てくる。

## 父の口癖「戦後教育が日本をダメにした」

――お父様を含めて大正一桁生まれは、阿川さんにとって、どんなイメージですか？

**阿川**　学徒動員ながら出征するなど、確かに戦争を経験したけれど、心のどこかに「生き残って帰ってきてしまった」ことへの負い目を感じている、そんな世代ですよね。でも一方で、明治の軍人のような気骨はなく、中途半端と言いますか……。

それと、養老さんがおっしゃったように、父には戦前の教育が身に染みついていました。死ぬまで旧仮名遣いで原稿を書いていましたから、国家と日本語に対する接し方が戦後教育を受けた人とはまったく違うと思います。

「戦後教育が日本をダメにした」と、それはもう口癖のように言ってました。

**養老**　ダメになった最初の世代ですよ、僕らは。

**阿川**　いえいえ、さっき申し上げたように、すごい人たちを輩出した世代じゃありませんか。戦前教育がどれほどのものか、とも思いますよね。半藤一利さんは「明治の軍人が日本をダメにした」とおっしゃるし。

要するに「日本は先の大戦に負けるまで、一度も敗戦を経験したことがない。だから負ける方法がわからない。そのために最後の最後、ソ連は絶対に裏切らないと盲信してひどいことになった。あの戦争を指揮していた軍人は、みんな明治生まれだ」とおっしゃってた。

**養老**　うちの母なんかも小さいときの思い出を聞かれると、決まって「勝った、勝ったの提灯行列」って言ってました。日露戦争で勝ったことが、よほど印象的だったのかな。

**阿川**　日清、日露と二つの大国に勝って、日本中がお祭りムードで。

そんなふうだから、日本は太平洋戦争で初めて敗戦の危機に直面したときもなかなか負けを認められず、どうすれば国民を守れるのかもわからず、明治の軍人は「まだ大丈夫」って言い続けるしかなかったのかもしれません。その部分では、「戦前の教育がすばらしかった」とは言えないような気がします。だからといって、「戦後教育はすばらしい」とも思いませんが。戦前、戦後、どちらにもいいところ、悪いところ、両方あるなと感じます。

――お父様はどんな方でしたか？

**阿川**　「ひたすらワガママ、家ではワンマン」、この一言に尽きますね。

父は、両親がだいぶ高齢になってから生まれた〝予期せぬ末っ子〟だったんです。何でも私から見て祖父が……会ったことはないんですが、五十歳を過ぎた頃に大阪から広島に引っ込んで、「ここを終《つい》の棲家《すみか》に、家族みんなでのんびり暮らしていこうね」と引っ越してまもなくに生まれちゃったらしいんです。

上の兄弟とは相当年が離れていたので、かなり甘やかされて、わがままに育てられたようです。でも優秀で、生意気なところもあったといいます。一つ、聞いた話では、鉄道好きで、中学三年生のときに一人で洋食の食堂車に入ったそうです。そうしたらボーイの方が父に「この時間、一円のお定食になっているんですがね」と声をかけた。父は「子供が一人で座る場所じゃないんだよ、金はあるのかい」と言われたような気がしてむっとしたそうで、そんなことわかってる、金はあるからその「お定食」を持ってこいと態度で示したそうです。しかも登山の帰りで、汗と泥だらけの服装だったとか。父らしいエピソードですね。

## 立派な老衰

――そんなお父様はどのような経緯で高齢者病院に入院されたのですか？

**阿川**　亡くなる三年半くらい前に、家で何度か転びまして、救急病院に運ばれたんですね。そのときに、ケガはさておき、誤嚥性《ごえんせい》肺炎を起こしていると言われたんです。すでに九十歳を超えていましたから、「ああ、これでもう最期を迎えるのかな」と思いました。

ところがなんと、一カ月後に奇跡的に快復したんですよ、絶食と流動食で。ただこの頃はもう七歳下の母に認知症の症状があったので、両親二人で生活させるのは無理だろうということで、父はよみうりランド慶友病院という高齢者病院に入院させていただきました。

――入院まではすんなりと運んで？

**阿川**　最初は騙し、騙し、という感じで。というのも父は昔、私がまだ子どもの頃からずっと「もし俺を養老院とか老人ホームとかいうところに入れたら、自殺してやる！」と息巻いていたので、「絶対無理だろうな」と思っていたんです。

それが実際に入ったら、いただいた病院食がものすごくおいしかったみたいで、「うまいね、ここ」と言ったんですよ。心のなかで「やったーっ！」と叫びましたね。その機に乗じて「ほらね。しばらく入院してみましょ。暫定《ざんてい》処置だから」と勧めて、うまくいきました。

父は食べることが大好きなので、慶友病院ではほとんど制限なく、自由に食べたいものを食べられたのが良かったですね。ときどきステーキやお寿司を注文したり、家でつくった料理とか、外で購入した惣菜を差し入れしたりできたし、何よりお酒がＯＫだったんです。毎日、晩酌を楽しんでました。

――病室でお酒って……いいんですか？

**阿川**　お医者さんがちゃんと体のことを診て、食べ過ぎ・飲み過ぎも管理してくださるから大丈夫です。大塚宣夫会長は、「食べることは人間が最後まで持ち続ける意欲」という考え。「飲み込みに障害のある人でも、好きなものなら喉《のど》を通るんですよ。何かあったら、我々がいます」とおっしゃってくれて、とても心強かったですね。

動物もみんな同じだと思いますが、食べたい気持ちがなくなることは、「もう生命が終わりますよ」というある種のサインなんですって。無理やり延命治療をしたところで、もはや生命体としての自然の営みは終わっているような気がします。

ただ家族としては、「一日でも長く生きてほしい」と望む気持ちもあります。そこが難しいんですが、大塚先生は「本人が食べる意欲をなくしたら、それが死に近づいたとき」というふうにおっしゃったんですよね。「高齢者はもうコレステロールやら、糖質やらをそんなに気にすることはない。たとえ山のようにバターを食べたとしても、その悪影響が出るのは十年後くらいのこと。そんなに長くは生きないだろうと予測されるなら、好きなものを食べさせてあげることのほうが大事だと思います」と。

だから父も安心して、少しずつですけど、ワインや日本酒、ビールと、好きなお酒を飲めたんだと思います。「酒の肴《さかな》のチーズが切れてるから、すぐに持ってきてくれ」なんて電話が来ることもありました。「いや、私、これから対談があるので」「じゃあ、俺はどうすりゃいいんだ」……って言われてもねぇ、「がまんしてくださいよ」という話なんですけど。そういうふうだから、亡くなった後の病室には、「ここは酒屋か？」ってくらいたくさんの酒瓶が並んでました。

**養老**　それはすごいな。じゃあ、お父さんは最期まで食欲も旺盛で？

**阿川**　要求がどんどんエスカレートしたくらいです。病院暮らしが二年、三年と続くうちに、どうしても病院食に飽きてきますよね。私も「冷たい料理ばかりだと不満よねぇ。たまにはあたたかいものが食べたいよね」と思って、つい「病室ですき焼きをやろうか」と提案しちゃったんです。

それが大間違いでした。「お、いいね」となって、一度試したら味をしめちゃった。以来、毎週のようにすき焼きですよ。すき焼き鍋と電磁調理器は病室に置いておいて、材料だけを買ってきてベッドの上の長テーブルで調理するスタイルで。

でもね、「春菊は歯にひっかかるから、もういらない」だの、「玉ネギがまだかたい。もっと柔らかくなるまで煮ろ」だの、ちょっとケチして安いお肉にすると「もっと高い肉を買ってこい」だの、注文が多くて。

あと、亡くなる三日前には「マグロの刺身が食いたい。タイもいいね」と妄想のようにつぶやいたので、急いで買ってきて、小さくつぶして食べさせました。息を引き取る前日にも「ステーキが食いたい」って言ったんですよね。

そのときちょうどいただき物のトウモロコシがあったので、天ぷらにして持ってったんですよ。父も喜ぶだろうなと思って。「食べますか?」と聞いたら、「あー」と口をあけてね。「あ、食べるんだ」と、小っちゃくして口に入れました。でもね、しばらくもぐもぐしてから、べえって吐き出したの。で、ひとこと、「まずい!」――。その日、持っていったローストビーフは「うまい!」と食べたのに。

思えば、このときの「まずい!」が娘に対する父の最期の言葉になったんですよね(笑)。

――ちょっとショックというか……。

**阿川**　体が弱り切って、消化能力も落ちているのに、食欲だけは衰えない。ある意味、「父ちゃん、ご立派!」と思いました。

――理想的な亡くなり方ですね。

**阿川**　先生から「本当に立派な老衰です」と褒められました。内臓から何から、体全体が順当に弱っていって、呼吸がなくなって死んだ、という状態でしたね。

――では、延命処置もせず？

**阿川**　そこのところは「しない」という方向で、きょうだい四人の意見が一致していました。父が亡くなる少し前に下血して、意識が混濁したことがありまして。そのときに先生から「もう、あんまり長くないでしょう。この先どうされますか？」と聞かれたんです。それできょうだいで互いの考えを確認し合い、「父は必要以上の延命処置をせず、自然に亡くなることを望んでいると思います。痛みだけは取っていただきたいけれど、延命はしないでください」とお願いしました。

## 「そのうち目が覚める」と思って死んでいけばいい

――死に目にはあえたのですか？

**阿川**　仕事があって、最期の最期の瞬間には間に合わなかったんです。でもたぶん、こう言っちゃあ何ですけど、うちの老犬が死んだときと同じ感じだったのではないでしょうか。「あー、最期の呼吸かな」って思ったら、「あ、もういっぺん息した」というようなな。そんな感じですよね、養老さん？

**養老**　そうですね。そもそも死んだ本人にしてみたら、自分が死んだかどうかなんて、わからないですよ。寝てるときだって、意識はないでしょ？　それと似たようなもので、起きると思って寝たけど、意識が戻らないまま目が覚めなかったという話じゃないですかね。

**阿川**　そうか、ある日、起きない日が来るだけのこと？

**養老**　そうそう、だから「死ぬかもしれない」なんて恐れることもない。「そのうち目が覚める」と思って、死んでいけばいいんですよ。

**阿川**　「おやすみなさい」って？　それはそうだと思いますが、病気になって、もうすぐ死ぬかもしれないとなると、いろんなことを考えませんか？　「いま、死ぬわけにはいかない」とか「この仕事、虫の整理をここまでは終わらせておきたい」とか？

**養老**　僕は昔からそういう欲がない。あるとしても、虫取りと虫いじりをしたいという欲だけ。もっと続けたい、見たことのない虫を見つけたいと思わなくもないけど、それほど強くありませんよ。

死については、三つの種類に分けて考えるとわかりやすい。一人称の死、二人称の死、三人称の死。一人称の死はいま言ったように、死んだらもう自分で「あ、死んだ」と意識できないから、あってないようなものです。三人称の死は、世界中のあらゆるところで死んでる誰かで、自分とはほぼ無関係でしょ。だから二人称――肉親や親しい人の死だけなんです、心に深い傷を負うのは。

## 「まる」のこと

――養老先生の愛猫のまるは、その二人称の死になりますね。病気で？

**養老**　具合が悪くなってからわかったんですが、先天的に心臓があんまり丈夫じゃなかったようです。本人もわかってたんじゃないかな。動悸《どうき》がするとか、胸が苦しいっていうのがあって、動かずにひたすら眠ってばかりいて、ああいう怠け者になったんですよ、きっと。動物って、そういうところ、利口ですね。

**阿川** なるべく省エネで生きていこうというわけですね。いくつで亡くなったんですか？

**養老** 十八歳かな。長生きですよ。

**阿川** 息を引き取ったときは？

**養老** 最期の瞬間はその場にいませんでした。仕事で箱根に行っていて、女房から電話があって。急いで戻ったけど、間に合わなかった。帰ったらもう死んでましたね。

**阿川** ちょっと泣いた？

**養老** 泣かない、泣かない。

**阿川** いわゆるペットロスみたいな気持ちはあるものですか？

**養老** よくわかんないですね。いないと寂しい、みたいな感じかな。

**阿川** 元気が出ない、というのは？

**養老** いまさらなくなるような元気はないですよ。ただ、そばにまるみたいなのがいるといいな、とは思います。まるの代わりになる猫はいないだろうけど。

**阿川**　私、猫を飼ったことがないんです。父が猫嫌いで。そのせいかしら、認知症になった母に気持ちが安らぐかなと思って、飼うのを勧めたことがあるんですが、「猫は嫌い」と一刀両断でした。

**養老**　動物がいると、気が紛れていいんですけどね。

## 病院に行ったら、ムダな抵抗はしない

**阿川**　養老さんは三年ほど前に入院されましたよね。

**養老**　まだまだ死ぬほどではなかったですよ。

**阿川**　でも一カ月で一五kgも痩《や》せられたんでしょう？　大変じゃないですか。病院嫌いの養老さんも、さすがに診察してもらわざるをえなかったのでは？　実際、心筋梗塞《しんきんこうそく》が見つかって、入院することになったし。

**養老**　病人がうちにいると、家族は迷惑だからね。

**阿川**　断固として「病院に行かない」主義を通していたのに、家族の気持ちを考えて病院に行こうと思われた。奥様を愛してるんだなって思いました。

**養老**　……。

**阿川**　黙ってうなずかないでくださいよ。

**養老**　いや、ここに女房がいたら、絶対に反論するところだなと思って。

**阿川**　父もワンマンではありましたが、入院してからはやたら母にやさしくなりましたね。頭はしっかりしていて、母が認知症だということもわかっていたので、自分だけが病院に行くことを納得はしてたんです。「もう母さんと離れて暮らすしかないんだな。できれば家に帰りたいけど、無理なんだろうな。俺はここで死ぬんだな」と言ってました。ただ母を家に残すことがすごく心配だったんでしょう。見舞いに行くと母に「お前、大丈夫か?」「心臓の具合はどうだ?」とか、しきりにやさしい言葉をかけてました。

それだけでも驚きなのに、あるとき、「握手をしよう」と母の手を握ったんですよ。「体に気をつけろよ」と言いながら。母のほうが「え?」ってビックリして、照れちゃって、「佐和子にも握手してやってくださいよ」と。でも父は知らんぷり。母にはスキンシップをしたかったけど、娘の私には望んでいなかったようです。

ワンマンでワガママな父が病院に入ったとたん、母にやさしくなる。夫婦って、そういうものなのかしら。どうですか？

**養老**　それはわかりませんが、僕は病院に行くことになったら、あとは完全に医者に任せます。病気になったら、しょうがないじゃないですか。ムダな抵抗はしないんです。

**阿川**　父も割合、お医者さんには従順でした。薬もちゃんと飲むし。うちにいるときでもよく、「おい、早くメシを食わせてくれ。薬を飲むためには、メシを食わなきゃいけないんだ」とか言って、怒っていましたね。すごく律儀だなと感心したことを覚えています。

入院してからも、基本的にお医者さんや看護師さんの言うことは聞いていました。おとなしかったかどうかは別にして。

でも養老さんは、お医者さんには従順なのに、病院が嫌い。どうしてですか？

**養老**　一度入院したら最後、居場所も生活も食事も全部決められるって、イヤじゃないですか？　ああしろ、こうしろと行動を規制されて、機械的に動かされて、医療というシステムに巻き込まれるでしょ。僕は勝手気ままにうろうろしているのが一番好きなんですよ。

**阿川**　確かに病院では、うろうろできませんね。

**養老**　外にも出られない。しかも絶対禁煙。

**阿川**　ああ、タバコを吸える病院はないですもんね。

**養老**　そんなふうに日常を制限されるのがイヤなんです。とはいえ僕が入院した東大病院でも、病院内で吸ったら強制退院させられると聞いていましたし、さっき言ったように「入院したらムダな抵抗はしない」と決めているので、入院中はちゃんと禁煙しました。

その流れではないけど、退院後しばらくは禁煙してました。いまは吸いたいときに一服する感じです。でも糖尿病の薬は、医者に言われるがままにちゃんと飲んでます。

## 悪性の腫瘍、あってもよいのでは

**阿川**　話をちょっと戻して、病院嫌いの養老さんが今回、病院にいらしたのは、何か耐えられない痛みがあったり、放置していると死ぬんじゃないかと思ったりしたからですか？

**養老**　痛くもかゆくもなかったんです。

**阿川**　でも繰り返しますが、一カ月に一五kgも痩せたんですよね？

**養老**　痩せただけです。

**阿川**　ふつうに食事をしているのに痩せていった？

**養老**　変でしょ。ムダに食べているわけですから。

**阿川**　栄養はどこにいっちゃうんでしょう。どんどん出ちゃう、ということですか？

**養老**　その症状に関しては、糖尿病だとわかりました。糖尿って末期になると、そういうものなんですよ。食べても、食べても痩せちゃう。このまま痩せていったら、自分の体がなくなってしまうと思いました。

**阿川**　心筋梗塞のほうは？　心臓が痛いとか、何かしら症状はなかったのですか？

**養老**　そういうのはなくて、何か眠いんですよ。「なんで朝から眠いんだろう。さっき目が覚めたばかりなのに」と不思議に思いながら、寝てるしかなかった。でもそんな状態が一週間も続くものだから、何か変だなと思って東大病院の中川恵一さんに相談したんです。

東大病院を受診するのが二十六年ぶりとあって、中川さんが血液検査から心電図、CT撮影など、一通りの検査をしてくれて、結果、心電図に心筋梗塞特有の波形が見つかった。あと血液検査でも、心筋梗塞を起こすと出てくる心筋逸脱酵素が認められたと聞きました。ふつう、激しい胸痛があるけれど、私の場合は無痛性。糖尿病の合併症で、神経がダメージを受けて痛みを感じにくくなっていたようです。

それで緊急入院ですよ。詰まりかけていた血管に、ステントという器具を挿入する手術をしてもらいました。血液が流れるようにね。

**阿川**　大変でしたね。それにしても一週間も様子を見てらしたとは……もっとも以前、おっしゃってましたね、「病気かどうかはたいがい、気になる症状が一週間続くかどうかでわかる。一週間で治れば、別に医者に行くほどのことはない」と。一週間が目安なんですね。

**養老**　学生のときにそう教わったんですよ。日増しに治っていくどころか、症状がだんだん悪くなるようなら、医療の助けを借りたほうがいい。

でもいまはちょっと具合が悪いだけで、周りが余計なことを言うんです。「早く治療したほうがいい。早期発見、早期治療が大事だよ」とか何とか。そんなことは本当はわからない。「がん放置療法」で知られる近藤誠医師が言っていたように、たとえ腫瘍《しゅよう》が早期発見されて取ることができたとしても、それが将来がんになるかどうかはわからないでしょ。理屈を言えば、その通りですよ。

――「がんもどき理論」ですね。

**阿川**　取らなくていいものを取る手術だとしたら、体に余計な負担を強いる場合もありますからね。大腸でも似たことが言えませんか？　内視鏡検査が出てきてから、毎年のように「大腸検査をしましょう」と言うお医者さんがいらっしゃる。でも長く生きていれば、大腸がそんなにきれいなわけはない。どこかにニキビのようなものができて、凸凹してくるだろう。そういうものまで全部腫瘍扱いしていたら、毎年、十個、二十個切除しなきゃいけないハメになる。だったら診てもらわないほうが楽ではないか。そう思うことがあります。

**養老**　僕も入院したとき、半ば強制的に大腸を調べられて、ポリープが見つかりました。「取りますか」と尋ねられ、「取りません」と答えましたよ。阿川さんのおっしゃる通りで、大腸ポリープなんて内視鏡で調べなければ存在しないのも同然のものです。調べた人が「放置していると、がん化するから取ったほうがいい」と言っても、そんなのは僕の知ったことではない。

**阿川**　でも悪性の腫瘍があったら取らなきゃねぇ。

**養老**　あってもいいんじゃないですか。いろいろあるんだから。

**阿川**　はあ、何となく気持ちがおおらかになりますね。実は私、二〇二三年三月の半ばに初めてコロナになったんですよ。「五類に移る」とか「マスクをしなくてもよくなる」といったニュースが流れ、世の中のコロナに対する警戒感が薄れてきたタイミングで。

それでも仕事を休まなくてはならないから、関係各所に連絡すると、みんな「え、いまごろ?」という反応でした。

幸い入院するほどでもなく、うちで寝てました。熱冷ましを飲んで、うがいしてのど飴をなめて、ゼリーを食べたり、水を飲んだりして、あとはひたすら寝る。「原始人って、こうやって病気と闘っていたのかしら」なんて思ったりもしました。

**養老**　良くなるのを待つしかないんですよ。

**阿川**　まさに養老先生的療養法ですね。ちょっと風邪をひいただけで治療薬を求める生活に慣れているから、コロナになって初めて「治療薬がない」という現実に突き当たると、ちょっとうろたえるんですよね。

でも確かに、コロナは何もしなくても、一週間で治りました。もっとも糖尿病の方とか、何か持病があって体が弱っている方は重症化するリスクがあるから、ちゃんと入院して治療を受けなくてはいけませんよね。

## 戦後の食糧難が生命力を鍛えた？

**阿川**　糖尿病のほうはお薬を飲んでらして、食事制限なんかもされてるんですか？

**養老**　何も。だって血糖値が上がらないようにする薬を飲んでいるのに、一方で食事制限をするって変でしょ。だいたい糖尿って、ここまで患者数が増えると、病気なのか、病気ではないのかもわからなくなってきますよ。

それに空腹時の血糖値なんて、すぐ基準値を超えちゃう。医者は「そういう状態が続くと、動脈硬化を起こす」「あっちこっちに合併症が出てきて大変なことになる」と脅すんだよね。

**阿川**　目が見えなくなりますよ、足を切りますよ、と。

**養老**　そうそう。僕は目は見えているし、足もちゃんと動いているから、そんなに心配はしてません。ただ同級生と話をしていて、「お前はまだ歩けるからいいよ」なんて言われると、ギクッとする。歩けるのが当たり前だと思ってたけど、そうじゃないのかと。

**阿川**　同世代のお友だちに、病気で倒れたり、亡くなったりする方は、だんだん増えていますか？

**養老**　増えてはいますが、同い年の友人は意外と死んでない。

**阿川**　理由はあるんですか？

**養老**　わからない。単なる偶然かもしれないけど、医学部の一年下のクラスは、僕らのクラスより大勢亡くなってます。

**阿川**　ということは、一概に「戦後の厳しい食糧難を生き抜いた世代だから、逆に体が鍛えられている」とも言えないのかしら。

**養老**　いや、それは何かしら関係しているようです。動物だって、「若いときに十分に餌をやらないほうが長生きする」らしい。医学の本で読んだことがあります。
　あと、植物にも当てはまるかもしれません。以前、オリーブオイルを輸入している業者の方に教わったんですが、ヨーロッパには樹齢四百年を超えるオリーブの畑があるそうです。いまでもちゃんと実が成り、油がとれる。ところが最近できたオリーブ畑は、もってせいぜい百年くらいだというんです。

なぜ寿命にそれほどの開きがあるのか。どうやら肥料に原因があるようです。昔は土地がやせているうえに、肥料がないから、木は必死に根を伸ばし、乏しい栄養をかき集めて成長しようとします。結果、立派な木に育ち、長い寿命を生きることができるわけです。肥料をたっぷり与えられて育つ最近の木とは、まったく違うということですね。

## 理屈は面倒。三十一文字ですませたい

**阿川**　体調はいま、おおむね良好ですか？
**養老**　かゆいだけ。肌が乾燥してます。何がどう関係しているのかは、ちょっとわかんないですね。
**阿川**　冬場は乾燥するから、余計につらかったでしょうね。
**養老**　たぶん食物アレルギーだと思う。娘に乳製品はダメだと言われて、牛乳をちょっと止めてるんですけどね。

**阿川**　お嬢さまの言うことは、素直にお聞きになるんですか？

**養老**　女房より怖いもん。若い分、迫力が違う。

**阿川**「ダメって言ったでしょ！」「はーい」なんて感じで？

**養老**　でないとぶっ飛ばされる。

**阿川**　そんな……（笑）。

**養老**　あと、この年になると、いろんな理屈を聞くのがイヤになってきますね。コロナでも論文がたくさん出てきたけど、いちいち読むのが面倒くさい。書くのも大変。ああでもない、こうでもないと考えなくてはいけないから。理屈をこねまわすには体力がいります。

**阿川**　昔はガンガン読めたのに？

**養老**　できましたね。いまはダメ。理屈自体はわかっても、その裏に何があるかを読むにはすごく体力がいるんです。

平安時代の昔の人は三十一《みそひと》文字ですませたっていうじゃない。朝廷でみんながちょっと節をつけて五七五七七の和歌を詠んで、自分の意見を伝えたって。呑気でいいよね。

それでいて意志の伝達は早い。

**阿川**　ついこないだ歌人の馬場あき子先生にお会いして、そのようなことを教えていただきました。和歌って「一言申す」ためにあると。「私は税金を安くしてほしい」とか何とか。たとえがかなり大雑把ですが。

**養老**　大丈夫、伝わっています。昔の人がうらやましい。

――理屈は大事ではないですか？

**養老**　途中の理屈は飛ばしちゃっても、そんなに大きな問題はない。数学の証明はその典型例ですよ。最初の一行と最後の一行があれば十分わかる。

**阿川**　平安時代の朝廷と違って、いまの役所は〝役所言葉〟で長々と文章を書いたり、回りくどい言い方をしたりすることが多いですよね。「その件に関しましてはただいま調査中ですが、先方のご意見もうかがって、またデータを集めて情報交換を行い、何のかんのして検討させていただきますが、実現の可能性があるかどうかという問題についてては、ないとは言い切れないという状況です」という感じ。「結局、やらないということでしょ」と言いたくなることがあります。

**養老**　三十一文字にまとめてくれと。俳句十七文字でもいい。

**阿川**　言葉が短いという意味では、加藤シヅエさんがそうでした。加藤タキさんのお母さん。

**養老**　一度、対談したことがあります。初めてお目にかかったときに、いきなり「あなた、帝大出でしょ。帝大出にはろくなのがいないのよ」と言われたことを覚えています。そこから「うちの亭主は……」と話し始めて、おしゃべりはほとんど俳句になってました。

**阿川**　やっぱり。若いときからなんですね。私がインタビューしたときはもう九十歳を超えていて、ちょっと足が弱くなられて、耳が遠くなっていらしたけど、おしゃべりは余計な言葉がまったく入らない。短い言葉でビシッ、ビシッとお話しされる。それは見事でした。

　さらにすごいのは、「耳が遠いんだから、聞こえないものは聞こえない」と潔《いさぎよ》いところ。聞こえなくても決して「え？」と聞き直さないの。しかも延々話す人には、聞こえた単語だけを拾って、ちゃんと話を広げるんですよ。

余計な体力を使わないというか。年齢を重ねるにつれて、余計なエネルギーを使わない技術が身につくのかしら。テニスだって、おじいちゃんって走らないんだけど、ちゃんと球に追いついて、確実にポーンと返しますよね。養老さんもそんな感じでしょうか。余計な体力を使わず、でも仕事をちゃんとこなすという。

**養老**　体力がないからダメなんですよ。人の話も聞きながら、自分で五七五にまとめてるところがありますね。

## 認知症の人に「教えて諭す」ことはできない

――阿川さんに、お母様の介護について、ぜひ伺いたいです。最初に「もしかしたら認知症？」と思われたのは、どういうことがきっかけでしたか？

**阿川**　正確に「いつ」というのはないんですよ。私は家を出ていましたし、兄も弟たちもそれぞれ自立して別に暮らしていましたから、実家は両親二人だけだったんです。あと通いの家政婦さんと。その方からある日電話があって、「奥様が変です。物忘れがふつうではないです」と教えてくれた、それが母の異変に目を向けたきっかけです。父が入院する前年、二〇一一年ごろですね。

当時、私も二週間に一度くらいのペースで母に会っていて、「年を取ったな」と感じることはありました。ただもともと耳が遠かったので、いま話したことを忘れても「あ、さっきの話、聞こえてなかったのね」というふうに解釈していたんです。家政婦さんに言われて初めて、「これは認知症かもしれない」と疑い始めました。

――それがやがて確信に変わっていったと。

**阿川**　そうですね、あれはいつだったか……まだ父は入院していなくて、母も足腰はしっかりしているし、台所の仕事もできていた頃、家族でレストランに行ったんです。途中、母が席を立ったとき、父が後ろ姿を見送ってから、「いいか、お前たち、聞け」とおもむろに口を開きました。そして大きな声で「母さんはボケた、母さんはボケた」と三回言ったんです。

あわてて制するように、「もうわかってますから、私たちも」と言ったんですが、いま思えばあれは父の覚悟宣言みたいなものだったのかもしれません。その辺りからです、母は認知症なんだと認めて対するようになったのは。

一般論で言うと、娘より息子のほうが母親の認知症をなかなか受け入れられないようです。自分を愛情たっぷりに育ててくれた母親が、脳の回路が壊れちゃったというショックを認めたくない。何をしたらいいかもわからない。女のほうはショックだからって、寝込むわけにはいきません。医者に連れて行くとか、お風呂に入れる、ご飯を食べさせる、着替えを手伝うなど、現実にやらなきゃいけないことがいっぱいあって、現実的に動かざるをえない。

とはいっても初めのうちは、「まだ初期なんだから、周りが一生懸命サポートしたり、漢字ドリルや計算ドリル、脳トレのゲームなどをやったりすれば、きっと良くなる」と私も思ってました。

――効果はありましたか？

**阿川**　いえ、計算なんかはできるんですが、物忘れのほうはなかなか。それに教えれば良くなるという思い込みがあるせいか、こちらのほうがつい感情的になっちゃう。たとえば母が何か忘れると、つい「さっき言ったでしょ。どうして忘れるの？」と詰問する。そんなこともよくありました。

父にも母を教育しようとしていたところがありましたね。入院してから、お見舞いに行ったとき、病室のトイレに行くという母に、父が「お前、流し方はわかるか？」と聞いたんです。母は「わかりますよ、それぐらい」と返事をしたものの、わからなくなっちゃった。そしたら父が「さっき、わかるって言ったのに、できなかったじゃないか。わかってなかったんだろ？　もう一度、やってみろ」と、こうですよ。母、泣きそうになっちゃって。

あと入院中の父も交えて、家族でちょっと外食しようと、あるレストランに行ったとき、母を泣かせました。「あら、ここ、前にも来たわね」と言った母を、「ここは初めてだ」「いいえ、来たことがあります」「初めてだって言ったら、初めてだ」と追い詰めたんです。

母にしてみれば、まだちゃんとしているところもあったから、「どうしてこんなにみんなからいじめられなきゃいけないの？」と思ったのでしょう。どちらかというと穏やかな性格なのに、すごく情緒不安定になりました。

それから銀行の通帳とかハンコとか現金とか、大事なものはどこかに隠しておかないといけないという意識が強いものだから、しまう場所を移動するんです。

**養老**　で、忘れちゃう。

**阿川**　そうするとまた「どうして移動させたの？」とまわりが詰問する。母は母で、私がこっそりハンコを持ち出すと、「どうして私のハンコを持ち出すの？　もう私の部屋に勝手に入らないでちょうだい」と怒り出す。その頃は一番、母との関係がギクシャクしました。

――どのようにして乗り越えたんですか？

**阿川**　専門のお医者様から「認知症は治らない」と教わったことが大きいですね。子どもには言って聞かせることができるが、認知症の大人は言われたことを覚えていられない。学習するどころか、記憶することすらできない。そこを理解し、認知症は治らないと割り切ってからは、イライラせずにすむ方法をいろいろ考えるようになりました。

――ご著書（よみうりランド慶友会病院を創設した大塚宣夫氏との共著『看る力』）で「介護は長期戦と心得よ」とおっしゃってますが、お母さんの介護はどのくらい続いたんですか？

**阿川**　二〇二〇年に九十二歳で亡くなるまで、九年半ですね。

## コツは「話に乗る」こと

――何かコツのようなものを会得されたのですか？

**阿川**　一つは、母の世界に乗ること。たとえば「あの赤ん坊、どこ行ったの？」と言いだしても、「何言ってるの？　うちに赤ん坊なんていないでしょ」とは言わない。「いま、二階で寝てるわよ」とか「さっき、お母さんが連れて帰ったから大丈夫よ」と言う。それで納得するんですよ。

女優の藤真利子さんも同じようなことをおっしゃってました。彼女のお母さんは認知症になって、「私は女優よ」と言い出したそうです。そのときに「いやいや、女優は娘、私よ」と否定せずに、「そう、お母さん、女優なのね」というふうにお母さんの話に乗る。そうして「いま、どんな仕事をしてるの？」「映画を撮ってるのよ」「どんな映画？」

「恋愛映画よ」「じゃあ明日、美容院に行って、きれいにしなきゃね」と話を広げていく。私も同じ。認知症がだいぶ進んでからは、母が頭のなかで思い描く世界に一緒に乗ることにしました。そのほうが介護する側も、される側もおもしろいし、イライラしないし。

**養老**　うちと同じじゃないですか。僕、女房に何を言われても、言い返さずに、そうですかって話に乗ってます。

**阿川**　それはいまに始まったことではなく、昔から？

**養老**　ずっとそうです。

**阿川**　じゃあ、もう訓練はできてるんですね。

**養老**　もし女房が認知症になっても、このままでいいんだなって。いま、阿川さんの話を聞いていて思いました。

**阿川**　言いたいことを言わずに、ガマンしていると、ストレスがたまりませんか？

**養老**　たまりませんよ。僕は女房や娘の言うことを否定しないうえに、彼女たちに対して何か主張しようとも思わないから。

**阿川**　反論もされない。昔からですか？

**養老**　親にもそんな感じでしたから、けっこう昔からですね。

**阿川**　それが養老さんのサバイバル術か。上には上がいた……。

**養老**　自分の欲が強いと、なかなかうまくいきませんよ。

**阿川**「自分が正しいと思っているのに、どうして理解してもらえないの？」って言い出すと、ぶつかるんですよね。

**養老**　自分のことなんか、人に理解されなくて当たり前と思ってりゃいい。そんなことは小さいときから虫取りしてればわかります。「虫ばかり見てないで、たまにはどうこうしなさい」って、母親からしょっちゅう言われてましたから。「どうせ虫のことなんか、わかってもらえない」となりますよ。

**阿川**　男と女の関係で言えば、相対的に女性のほうが口達者だから、男性は抵抗せずに話に乗っかるのが楽、となるんでしょうか。

**養老**　そう、もともとこっちは口数が少ないのに、年とってだんだん俳句になっていくから、その傾向はより強くなる。

**阿川**　女は壊れたラジオなのか。

――ご主人はどんな感じなんですか？

**阿川**　来ると思った。養老さんの奥様と〝ダンナ話〟をしたいくらい。私の話なんて、聞いてません。朝起きて私が「あ、雨だ」と言って、いろいろやってしばらくしてから「あれ、雨が降ってる」とか言う。聞き流せなくて「さっき私が言ったでしょ」と言うと、「確認しただけ」と言う。この「確認しただけ」が多くて、私がガンガン怒ると、いつの間にかすーっと姿を消す。そんな感じです。

抵抗しないから、こちらも楽なんですけどね。それにこちらが怒っていても、あちらは冷めた目で見ているでしょう。そうすると怒りもだんだんトーンダウンして、自分も悪かったかなと反省することもできます。でもうちのダンナ、つらいですかね。

**養老**　つらくないと思いますよ。ムダな抵抗はしない、というだけですから。

**阿川**　だったら、良かった。なんだかんだいっても、ダンナにはいつも支えてもらって感謝してるんです。たとえば私が本当に忙しかったとき……母の介護に加えて、テレビと雑誌でレギュラーの対談があり、小説の原稿の締め切りに追われ、エッセイも書かなくちゃいけなくて、といろんな仕事が重なったことがあったんです。「ただいま」って家に帰ったら、休む間もなく資料を読み込んで、すぐに原稿に取りかかる、という感じ。でもご飯はつくらなきゃいけなくて、「もう無理！」なんてプリプリしながら料理していたら、いつの間にかダンナが背後に現れたんです。「何？」と振り返ると、両腕を大きく広げて「精神的サポート」と言う。もう力が抜けちゃいました。かわりにご飯をつくってくれるのでもなく、抱きしめてくれるのでもなく、ちょっと距離をおいたところでただボーッと立っている。

そうやって笑わせてくれるのは、ありがたいことですよね。

――技あり。達人ですね。

## 介護には「笑い」が必要

――話を介護に戻して、「相手の話に乗る」ことのほかに何が大事だと思いますか？

**阿川**　一つはスキンシップをとること。『看る力』でも述べたことですが、母とときどき一緒にお風呂に入っていました。一人でお風呂に入ると足もとがふらふらして危ないなと思って。こっちも裸で入ったら、「あら、アンタ、お腹が出てるわね」なんて言われたときもありますけど（笑）。一緒にお風呂に入ると、母の体の状態もわかるので、一石二鳥なんです。あと、夜も一人だと不安かなと思って、たまに母の布団にもぐり込んだり、ときどきギューッと抱きしめたり。痛がったときもありますが（笑）。スキンシップは大事だとよく聞くので、機会を見つけてやっていましたね。

あと、笑い、ですかね。

一口に認知症といっても、幼児化する人、暴力的になる人、無気力になる人など、さまざまです。母の場合は人格が全然変わるというよりも「素直で愛嬌のあるおばあちゃん」になっちゃった。それにも助けられて、私は精一杯、笑わせることばかりやってました。母は母で、三分前のことを忘れるけれども、いまの状況に対応する能力はある。たとえば私が自分の鼻の辺りを人差し指で指して「これ、誰だかわかる？」と聞くと、「うーん」と名前が出てこない。しばらく考えて「お鼻ちゃん」と言う。次に「うん、これはお鼻。名前は？」と聞くと、「鼻子」と答える。笑っちゃうでしょ。

またしばらくして会ったときは、私のことを「おばあさん」って言う。で、「え？　私、母さんのおばあちゃんになっちゃったの？」と聞くと、「だって、シワだらけじゃない」って。もうおかしくて、笑うしかない。認知症じゃないと、こんな冗談、出てこないですよ。

――当意即妙《とういそくみょう》というか。

**阿川**　あとね、入院している父から、あれ持って来い、これ持って来いとか、そんなものは頼んでないとか、看護師さんにこう伝えてくれとか、入れ歯を洗えとか、いろんなことをガンガン言われてカーッとなったまま実家に帰ったことがありまして。帰宅するやいなやソファにひっくり返って、「イヤだ、イヤだ、もうイヤだ。父ちゃん、ワガママ過ぎる」とわめいてたんです。そしたら母がトポトポと寄ってきて、一言。「どうでもいいけど、あなた、お父ちゃんにそっくりね」――。力が抜けて、怒りが吹っ飛びました。

**養老**　佐野洋子さんもお母さんの介護をされていて、あるとき「ねぇ、天国って本当にあるのかしら」と尋ねたら、「近頃、そこら辺にあるらしいよ」と答えたって。コンビニか何かと間違えたみたいだと、何かに書いておられました。

**阿川**　いいな、おもしろい。そういうトンチの能力って、脳みそのどこの回路が働いているのか。認知症になったから能力が低下するというだけではないような気がします。母を見ていると、回路の一部は壊れているけど、計算能力や対応能力はあるし、景色に刺激されてわいてくる感情も豊かだし、衰えていない部分もたくさんあることがわかりました。

それなのに認知症になって、記憶力がなくなると、もう人間失格みたいな扱いをしがち。それは違うんじゃないかなと思います。身内が認知症になると、身内だけになおさらつらいことはあるでしょうけど、「ここは優れているぞ」というところを見つけてあげることも大事ではないかと。養老さん、どう思いますか？

**養老**　いろいろ参考になります。

――認知症になると、脳の使い方が変わってくるのですか？　別の回路がつながるとか。

**養老**　そうじゃないでしょ。ふつうの人は「抑制型」といって、抑制が弱くなる。当然、閉じている経路も弱くなっていく。阿川さんのお父さんが体全体、上手に老衰していったように、脳も全体的に弱っていくのがいい。要するに円満にボケていく。そうならずにどこかの経路だけしっかり残っている、というのが認知症じゃないでしょうか。

**阿川**　認知症になると、体はわりと元気だけど、脳のほうが衰えるという話はよく聞きます。

**養老**　徘徊するから困るね。

**阿川**　んー、徘徊という言葉は、何かほかに言いようがありませんかね。要するに道に迷うことで、本人にしてみれば目的があって家を出てる。たとえばおじいちゃんが「ばあさんの姿が見えないな。買い物に行ったのかな。だったら迎えに行かなくちゃ」と家を出て、スーパーに向かう途中で「あれ、どっちの道だったたっけ？」と違う道をどんどん歩いていっちゃう。それでとんでもないところで見つかると、「このおじいさんは認知症だ。徘徊老人だ」という扱いをされる。ちゃんとしているところもあるのに、「徘徊老人だ、徘徊老人だ」なんて呼ばれて保護されたりすると、プライドが傷つくと思うんですよ。

男性のなかには認知症になっても、現役時代の肩書きとかプライドが抜けない人が多いようです。母が入院した病院で見かけたんですが、車椅子のおじいさんが看護師さんに「歌の時間に参加しましょう」と言われて、すごく怒ってるんです。「君、失礼じゃないか。まだ名刺を受け取ってないぞ」って。あら大変と見ていたら、さすが看護師さん、「あー、申し訳ありません。いま持ってきます」と名刺を持って来て、誘導に成功していました。

あと、「六階の食堂で音楽会をやりますから、みなさん、来てください」と呼びかけると、来るのはおばあちゃんばかり。男性はほとんど来ないそうです。どうすれば参加すると思いますか？

**養老**　僕なら、「虫取りに行きましょう。あっちにカブトムシがいますよ、クワガタがいますよ」と言ってくれたら、喜んで行きます。

**阿川**　あ、それも一案ですね。好きなことで誘い出すという。

その病院では元会社員の人たちに、「先生、これから会議がございますので、ご出席お願いします。ちょっとスピーチしていただかないと困るんです」などと言うと、「しょうがないな」と腰を上げてくれるんですって。

## 認知症を社会問題にしているのは、人間社会の「約束事」

**養老**　だいたい介護も医療も、人間がいろんな約束事で世の中をつくったから、非常に面倒なことになってる。自然のなかで、何の約束事もない自然の状態で生きていれば、おそらく認知症はここまで社会問題にならないと思いますね。

**阿川**　すごい、ご明察！　介護のシステムって介護する側の都合でつくられてると、私もつくづく感じています。同じ症状の人を一カ所に集めたほうが安全だとか、要介護の人をレベルで分類したほうが対応しやすいとか。もちろんマニュアルがないと、大変な部分もあるんでしょうけど。

**養老**　結局、コストの面で合理性、効率性を優先する。こちらは何も合理的・効率的に生きようなんて思ってないのに。

自然のなかで生きていれば、極端な話、ボケて徘徊して道に迷ったら、そのうち雨が降ってきて、肺炎になって死んじゃう。昔はそれで釣り合いがとれている部分があったんですよ。脳の能力が落ちてくれば、生命が危機にさらされる。そういう意味では、いまは生きるのがずいぶん楽になった、とも言えますね。

**阿川**　人間は利便性を求めて、不便になっているということですかね。でも約束事を決めないと、動けないんですよね。

**養老**　その通りですが、だとしても約束事ばかりで窮屈な世の中です。居心地が悪い。昔はもっと融通がききましたが、そのためには自分で判断しなきゃいけないから……。

**阿川**　面倒くさいんですよね。

**養老**　何でも約束事をつくって、杓子定規《しやくしじようぎ》に決める。人間がコンピュータに近づいてる気がしますね。

## 日本人、日本社会に合った介護とは

――法律を後ろ盾にして強く制限する傾向もありますね。

**養老**　ただ日本って、法律で動いていないような気がします。世間の暗黙のルールで動いてきた歴史があるから。法律が導入されたのは、明治以降のことでしょ。日本人はもともと言葉を重要視してなくて、方便として使っていたのに、欧米の真似をしたんですよ。

**阿川**　欧米流の個人主義も日本人には馴染みにくいですね。たとえば「子どもの個性を伸ばしましょう」ということをどんどん進めていくと、「自分さえよければいい」というような誤った個人主義に陥っちゃう。世間様の目を気にしすぎていた時代も窮屈でしたけど。

**養老**　欧米人が個人主義なのは、キリスト教に象徴されるように、個人が神様と一対一で対話しているからです。日本人にそういうものはない。世間が基準になってる。

あと、藻谷浩介さんが言ってましたが、可住地面積、つまり人が住める土地の広さで人口を割ると、秋田県の人口密度がだいたいドイツやフランスと同じだそうです（一六七ページ参照）。

**阿川**　へぇ、伸び伸びしてますね。

**養老**　日本で過疎《かそ》と呼ばれている地域が、世界の文明国の基準なの。僕は昔から「日本は混んだ銭湯だよ」と言ってるんだけど、とくに都会は狭い地域に大勢の人が住んでいるから、他人の圧力が非常に強い。空気を読むとか忖度《そんたく》とか、あって当たり前なんです。

**阿川**　イモがゴロゴロ洗われているような、そんなところに個人主義を持ち込んでもしょうがない。幸せに生きるためには、隣のイモとの距離を考えるほうが正しいと。

**養老**　その通り。個人主義でいこうと頭で考えてやっていけると思ったのが、日本人の脳天気なところですね。

介護の話からかなり離れたようですが、僕が言いたいのは、日本人は昔から世間を基準にして、互いに融通し合いながら暮らしてきた、その日常生活の延長で介護のことも考えないといけないということ。でないと、無理が生じます。もっと肩の力を抜いて、周りの助けを借りながら……。

**阿川**　人と和してやっていくと。前に時代小説に「江戸時代の介護事情」を取り上げた女性作家と対談したとき、彼女からこんな話を聞きました。江戸時代にもボケたおじいちゃん・おばあちゃんがいて、預かってくれる施設は当然ないから、家族で面倒を見ていたそうです。それも若旦那が。不思議な感じがしますが、商家って嫁が店を張って、奥向きのことは夫の役回りだったようです。でも若旦那は面倒になると、どこかへ遊びに行っちゃう。それで放ったらかされたおじいちゃんは、ふらふらと町に出る。そんなこんなで徘徊老人がふつうに町をウロウロしていたそうです。町人のほうも慣れたもので、「また何とか屋のじいさんが歩いてるよ。いま、あそこの店の前を通りかかったよ」と、何となく見守っていた。徘徊老人が町の景色に溶け込んでいたんですね。

**養老**　のどかでいいね。いまだったら「大変だ」と、すぐに保護される。だいたいいまの日本人は肩に力が入りすぎ。介護も日常の一環として、もっと肩の力を抜いて自然体でやるほうがいいと僕は思いますね。

**阿川**　同感です。

第二章は月刊Ｖｏｉｃｅ二〇二三年六月号掲載分に、大幅に加筆しました。

PHP新書
PHP INTERFACE
https://www.php.co.jp/

（撮影：吉田和本）


養老孟司［ようろう・たけし］

1937年、鎌倉市生まれ。東京大学医学部卒業後、解剖学教室に入る。95年、東京大学医学部教授を退官し、同大学名誉教授に。89年、『からだの見方』（筑摩書房）でサントリー学芸賞を受賞。
著書に、『唯脳論』（青土社・ちくま学芸文庫）、『バカの壁』『超バカの壁』『「自分」の壁』『遺言。』『ヒトの壁』（以上、新潮新書）、『日本のリアル』『文系の壁』『AIの壁』『子どもが心配』（以上、PHP新書）など多数。


【第一章構成】編集部
【第二章〜第四章構成】千葉潤子

# 老い方、死に方

（PHP新書 1362）


二〇二三年 八 月二十四日 第一版第一刷
二〇二三年十二月 十 一 日 第一版第六刷

著者――養老孟司
発行者――永田貴之
発行所――株式会社PHP研究所
東京本部――〒135-8137 江東区豊洲5-6-52
ビジネス・教養出版部 ☎03-3520-9615（編集）
普及部 ☎03-3520-9630（販売）
京都本部――〒601-8411 京都市南区西九条北ノ内町11
組版――アイムデザイン株式会社
装幀者――芦澤泰偉＋明石すみれ
印刷所
製本所――図書印刷株式会社




ISBN978-4-569-85528-8

# ＰＨＰ新書刊行にあたって

「繁栄を通じて平和と幸福を」(PEACE and HAPPINESS through PROSPERITY)の願いのもと、ＰＨＰ研究所が創設されて今年で五十周年を迎えます。その歩みは、日本人が先の戦争を乗り越え、並々ならぬ努力を続けて、今日の繁栄を築き上げてきた軌跡に重なります。

しかし、平和で豊かな生活を手にした現在、多くの日本人は、自分が何のために生きているのか、どのように生きていきたいのかを、見失いつつあるように思われます。そして、その間にも、日本国内や世界のみならず地球規模での大きな変化が日々生起し、解決すべき問題となって私たちのもとに押し寄せてきます。

このような時代に人生の確かな価値を見出し、生きる喜びに満ちあふれた社会を実現するために、いま何が求められているのでしょうか。それは、先達が培ってきた知恵を紡ぎ直すこと、その上で自分たち一人一人がおかれた現実と進むべき未来について丹念に考えていくこと以外にはありません。

その営みは、単なる知識に終わらない深い思索へ、そしてよく生きるための哲学への旅でもあります。弊所が創設五十周年を迎えましたのを機に、ＰＨＰ新書を創刊し、この新たな旅を読者と共に歩んでいきたいと思っています。多くの読者の共感と支援を心よりお願いいたします。

一九九六年十月

ＰＨＰ研究所